Dein Buch zum
Anfassen, Lesen, Reinschreiben

AF237595

Layout und Gestaltung:
Bernd Trusheim

Fotos / Bildnachweise S. 100

Bibliografische Information der Deutschen Nationalbibliothek:
Die Deutsche Nationalbibliothek verzeichnet diese Publikation in der
Deutschen Nationalbibliografie; detaillierte bibliografische Daten sind im
Internet über http://dnb.dnb.de abrufbar.

Herstellung u nd Verlag:
BoD – Books on Demand, Norderstedt

ISBN: 9783754337578

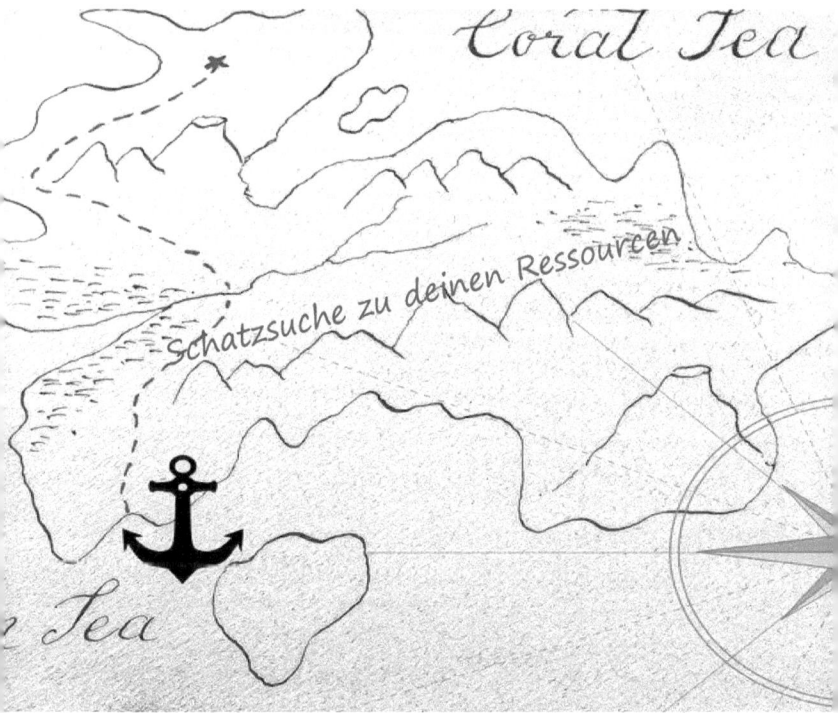

Wie hast du dieses Buch gefunden?

Was hat dich bewegt dieses Buch zu finden? Welche Worte im Titel des Buches findest du interessant? *Spüre einmal jetzt für einen Moment da hinein.* Möchtest du mehr Orientierung und Ruhe in dir finden? Bist du körperlich, seelisch und/oder mental an Grenzen, Grenzerfahrungen gestoßen, die du mit deinem alten Denkmuster nicht mehr lösen kannst? Drehst du am Rad oder bist du in einem Hamsterrad? Gab es einen Schicksalsschlag, ein Ereignis, das dich zurzeit herausfordert? Sind es beruflich und/oder private Entscheidungen, die du treffen willst? Wenn du die eine oder andere Frage mit ‚ja' beantworten kannst und bereit bist etwas für deine Gedankenhygiene und deinen Körper zu tun, dann finden wir hier zeitweise zueinander. Welcome!

world

Inhaltsverzeichnis

Wenn du deine Gedanken waschen könntest,
so wie du deinen Körper und deine Hände und
deine Haare wäschst...........................

Wenn du deine Gedanken ordnen könntest,
so wie du hin wieder dein Papierkram am
Schreibtisch ordnest........................

Wenn du deine Gedanken putzen könntest, so
wie du täglich deine Zähne putzt.................

Was und wie hast du gelernt deine Gedanken
zu ordnen, zu reinigen, zu resetten?
Wieviel Zeit schenkst du der Hygiene deiner
Gedanken? Sie verschlingen die Hälfte der
täglich mit der Nahrung aufgenommenen
Kohlenhydrate, unter Normalbedingungen
bis zu zwei Drittel der Blutglucosemenge, bei
Stress sogar bis zu 90%.

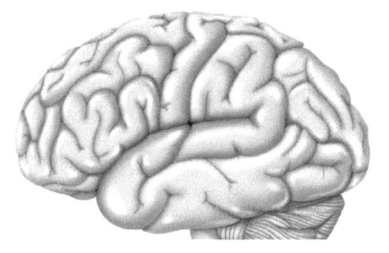

Was tust du für die tägliche Hygiene deiner Gedanken?

Dein Weg durch dieses Leben

Deine Gedanken bestimmen deinen Weg

Es gibt mehrere wissenschaftliche Studien von Forschern, die belegen dass wir Menschen durchschnittlich **60.000 - 70.000 Gedanken pro Tag** denken. In einem Jahr sind es ca. 25 Millionen Gedanken. Die meisten dieser Gedanken sind unbewusst oder sogar negativ.

70% flüchtige, nebensächliche Gedanken
27% negative, destruktive Gedanken
 3% positive, aufbauende, kreative Gedanken

Deine Gedanken verursachen deine Gefühle

Zu 90% bestimmen deine Gedanken deine Gefühle. So wie du denkst fühlst du dich. 10% sind eher durch hormonelle und körperliche Veränderungen, Belastungen, Wetter, Umwelteinflüsse und Sinneswahrnehmung verursacht. Medikamente und Lebensweise einschl. Ernährung beeinflussen das Denken und damit die Gefühle ebenso. Drogen einschl. Alkohol auf verheerende Weise.

Dein Körper als Sinngeber

Werden deine vielen körperlichen Sinne mehr aktiviert, ändert sich auch das Denken und Fühlen. Musik, Walken, Tanzen, Essen kochen und Riechen, verschiedene Sportarten, Naturerfahrung etc. Ich lade dich darum ein, auch die **körperlichen Übungen** „OFF übungen" S. 84 - 97 in deinen Alltag zu integrieren.

10 Minuten am Abend um....

97% deines Gedankenchaos ein Stück weit zu ordnen und zu bereinigen

THE
WAY

...um tagsüber immer wieder
in neue Kraft und Achtsamkeit
zu finden

Wirkungen

THE WAY

Tagebuchtraining

Die Übungen und Reflektionen helfen dir dabei

- dich zu erden, Boden unter den Füßen zu gewinnen
- dich schneller und tiefer zu entspannen
- gedankliche Ruhe, Zentrierung und Übersicht zu gewinnen
- besser und tiefer zu schlafen
- viele kreative neue Potenziale u. die Leichtigkeit des Seins zu entdecken
- wichtige Probleme gelassener, souverän und selbstbewusst zu lösen
- Entscheidungen in tiefer Klarheit zu treffen
- besser und bewusst zu atmen
- Heilungsprozesse zu unterstützen und zu beschleunigen
- Körperimpulse, Körperwahrnehmung und Körpersprache zu verbessern
- dich im Hier und Jetzt, in die Gegenwart einzubinden und zu fühlen
- mehr Achtsamkeit im Alltag zu gewinnen
- mehr Kraft, Kreativität, Energie, Präsenz und Vitalität aufzubauen
- dich selbst anzunehmen und mit dir ins Reine zu kommen
- mehr Resilienz zu entwickeln
- mehr Selbstverantwortung zu gewinnen
- mehr Selbstvertrauen und Selbstwirksamkeit aufzubauen
- mehr Mitgefühl zu dir selbst und anderen zu entwickeln
- Liebe im Herzen zu entdecken, dir selbst und anderen zu geben
- Dankbarkeit zu fühlen und zu zeigen
- langwierige Dramaturgien aufzulösen

v.a. auch bei gleichzeitiger Anwendung der körperlichen
Präsenzübungen auf den Seiten 84 - 97.

Täglich gehst du einen Weg. Es ist dein Weg durch das Leben. Es ist deine Zeit des Lebens. Jetzt. Und der Weg führt nicht immer durch ein Sonnenland mit wunderschön angelegten Fußwegen. Bestimmte Streckenabschnitte sind verdammt steinig und sehr herausfordernd wie z.B. in einer Zeit mit eingreifenden Veränderungen für Mensch, Klima, Wirtschaft und Gesellschaften. Du bist in dieser Zeit. Nur jetzt in diesem Augenblick. Gehst du diesen Weg jeden Tag wachsam durchs Leben oder sitzt oder liegst du dich durch dein Leben? Wie viele Menschen träumen täglich von einem anderen schöneren Leben, Partnern, Geld, Gesundheit, Karriere etc. statt diesen einen Tag heute bewusst zu leben, zu erleben. Wie wach und wie klar bist du? Klarheit ist der Weg. Klarheit schafft Kraft. Nur mit Klarheit kannst du Dinge aktiv an"gehen", im Kopf, Herz und Bauch „bewegen", an Grenzen kommen und Grenzen überwinden, Entscheidungen treffen, weitergehen. Mit dem einen Ziel: Noch tiefer bei dir selbst anzukommen. In deiner Kraft, in deinem Spirit, in deiner Erscheinung. In deiner Lebendigkeit. In deinem Herzen. In deiner Potenz. In deinen Tag. In deinen Augenblick. In deinem So-Sein. Gefestigt und unabhängig von Meinungen, Systemen und dem Wirrwarr des Informationszeitalters. Du bist der Wanderer durch das Leben

oder der Sitzenbleiber deines Lebens. Geboren auf diese Erde, um deinen Weg zu beschreiten. Gehen heißt bewegen. Wie weit **bist du bereits gegangen? Wie weit bist du bereit noch zu gehen?**

Dein Schicksal

Es wurde dir gesendet. In dem Wort steckt ‚schicken‘, etwas senden. Du musst damit fertig werden, dich damit auseinandersetzen, es annehmen, dich damit aussöhnen. Egal, wie schlimm und heftig es ist. Wenn du ein Opfer bist: Die Opferrolle mag für eine bestimmte Zeit gut und wichtig sein. Aber in der Opferrolle kommen wir langfristig überhaupt nicht weiter. Wir bleiben dann mitten im Leben stecken! Es ist Stillstand mit unendlich viel psychischem Leid. Abgeschnürt und ohne Leben(skraft). Schicksal birgt Chancen! Ein Lebenswink einen neuen Weg zu beschreiten. Viel wurde bereits darüber geschrieben und vorgetragen. Das Wissen ist bereits lange vorhanden. Ich erinnere an die Vorredner und Schreiber Thorwald Detlefsen, Rüdiger Dahlke, Robert Betz und jetzt auch viele jüngere Nachfolger, die das alte Wissen kunstvoll in neue Verpackungen kleiden.

Dein Tag

Jeder Tag öffnet sich für Leben, dein Leben zu leben. Jetzt. Nicht morgen und nicht gestern. Jeder Tag ist ein Neubeginn. Es ist dein Tag. 24 Stunden hast du, nein eher 16 Stunden, denn ca. 8 Stunden schläfst du. Du erwachst jeden Morgen von neuem. 29.200 Male, wenn du 80 Jahre alt wirst. Und genauso viele Male lässt du abends und zur Nacht hin los und begegnest dem kleinen Bruder des Todes: Dem Schlaf. Du schläfst ein. Dein Alltagsdenken und deine Kontrolle verschwinden. Ein

Drittel deines Lebens bist du sozusagen gar nicht bewusst hier. Wenn du schläfst arbeitet die Natur in dir weiter, verarbeitet und füllt alle deinen leeren Kanister wieder auf mit Kraft und Leben. Und am Morgen erwachst du aufs Neue. Gehört der kleine Bruder des Todes nicht auch zu deinem Leben? Der Schlaf. In jedem Tag liegt auch die Endlichkeit. In jeder Stunde, in jeder Minute. In jedem Atemzug. 16 – 20 Male in der Minute. Nachdem du eingeatmet hast bist du gezwungen wieder auszuatmen. Es ist der Rhythmus, der dich zusammenhält, der dich leben lässt. Unterbrichst du ihn, leidest oder stirbst du.

Bevor du weiterliest nimm jetzt einen ganz tiefen Atemzug. Atme ganz tief durch die Nase ein, halte die Spannung einige Sekunden, und atme dann befreit, tief und lange durch die Lippen mit „bbbffffff" aus. Wiederhole es noch einmal.

Komme in den Tag. Komme in den Augenblick. Jeder bewusste tiefe Atemzug erinnert dich daran. Wenn du es schaffst das hier Geschriebene nicht nur als intellektuelles Hintergrundrauschen, als ‚Blablabla schon tausend Male gehört' zu verstehen, sondern dies auch zu ‚verkörpern', es zu ‚versinnlichen', eröffnet sich eine neue Welt voller Klarheit und Kraft.

Dein Leben

Woraus besteht es? Aus Jahren, Tagen, Minuten, Sekunden? Aber was ist die Essenz? Sind es nicht die „Erfahrungen" auf deiner Wanderschaft durch dieses Leben? Erfahrungen. Körperlich, sinnlich, herzvoll, emotional, mental, intellektuell, spirituell. Der Weg ist reichlich gedeckt, um dich lebendig zu fühlen. Erfahrungen zu sammeln. Durch viele Erfahrungen werden Lebenslinien sichtbar. Äußerlich und innerlich. Möchtest du mit 90 Jahren aussehen wie ein/e 40-Jährige/r? Auch das ist heute möglich. Du kannst unterschiedlichste Erfahrungen und Experimente mit deinen Sinnen, deiner Haut, deinem Körper, aber auch deinem Geist und Spirit machen. Es ist an dir, was du suchst und was dir wichtig ist. Letztlich geht es nur um die eine tiefe Frage:

Was ist dir wirklich, wirklich, wirklich wichtig im Leben?

Und auch Fragen wie:

Lebst du deine Berufung?
Lebst du deine Vision und Message?
Lebst du den Augenblick, ganz in der Gegenwart zu sein?
Erkennst und lebst du deine Einzigartigkeit?
Lebst du aus dem Herzen?
Was macht dein Herz weit?

Dein Buch

Mit ausgewählten wirkungsvollen Achtsamkeitsübungen und Fragen

Ein Trainingstagebuch für 8 Wochen und länger. Zur täglichen Zentrierung, Besinnung und Kraftsammlung

BERND TRUSHEIM
COACHING TRAINING WEITERBILDUNG

Die bewusste Reflektion des Tages als Neuorientierung

Täglich achtest du auf Körperpflege, putzt dir die Zähne, wäschst dich, ernährst, bewegst und trainierst deinen Body vielleicht entsprechend. Und was tust du für deine Denkhygiene? Für die Ordnung deiner Gedanken? Wie löst du Probleme? Für all diese Aufgaben stehen dir etwa 86 Milliarden Nervenzellen, die Neurone, zur Verfügung. Sie kommen mit nur 20 Watt Energieleistung aus. Obwohl die Masse des Gehirns nur etwa 2 Prozent des Körpergewichts ausmacht, beansprucht es gut die Hälfte der täglich mit der Nahrung aufgenommenen Kohlenhydrate, unter Normalbedingungen bis zu zwei Drittel der Blutglucosemenge. Kommt noch eine Stressbelastung hinzu, entzieht das Gehirn dem Blut sogar fast 90 Prozent dieses Energieträgers. Wie pflegst du dein Denken? Wie schaffst du es hin und wieder ein Reset der Gedanken durchzuführen? Meditierst du z.B. ZaZen?

Um täglich deine Gedanken und auch das Gedankenchaos zu ordnen, mit den Affen im Kopf ins Gespräch zu kommen und sie zu zähmen, dazu ist dieses Tagebuch-Schreiben da. Eine Energie, die Ordnung in dein mentales und damit auch emotionales und körperliches Befinden bringt. Dieses Buch wird dein Tagebuch, ein Kompass für deine innere Orientierung. Mit dieser täglichen Besinnung von 10 Minuten kommst du auf deine Spur oder besser gesagt, wieder in deine Spur. Auf deinen Weg dieser Wanderschaft durch das Leben. Es bringt dir Essenz und Klarheit. Es wird zu deinem Kompass im Leben. Und du wirst es lieben lernen. Weil du bei täglicher Anwendung schon nach wenigen Tagen sowie Wochen positive Wirkungen und Veränderungen feststellen kannst. Oft mehr als du in aufwendigen Therapien oder Coachings erreichen kannst.

Besinn dich

Besinnung bringt Hamsterräder zum Stehen

Ich werde immer wieder in diesem Buch von dem Sinn und der Besinnung sprechen. Kannst du in Ruhe *s e i n* und dich *besinnen*? Wie machst du das? Welche Praktiken kennst du? In der analogen Welt? Die analoge Welt wird für viele Menschen immer weniger greifbar. Sich hinzusetzen und sich zu besinnen. *In Ruhe zu sein.* Alles Drumherum abgeschaltet. Wer hat Besinnung als Weg zur Selbstkompetenz gelernt? Und wo wird es erlernt? Es ist nicht systemrelevant. Besinnung könnte manches System erschüttern. Es entschleunigt. Besinnung bringt Hamsterräder zum Stehen. Das Rad da draußen wird aber immer verrückter und schneller gedreht.

Stopp!

Es geht um einen Stopp! Und wenn es nur für 10 Minuten am Tag ist. Einen Stopp! Du musst „Stopp" sagen und „Stopp" *handeln! Es ist deine kleine Auszeit.* Täglich! Und sie wird dein Leben verändern! Weil du mehr und mehr bei dir selbst ankommst.

Besinnung. Wenn du deine Sinne gebrauchst, findest du Sinn.

Im Wort ‚Besinnung' steckt ‚Sinn'. Du bist mit ganz vielen Sinnen in diese ‚analoge' und damit begreif- und „erfahrbare" Erdwelt hineingeboren worden. Hören, Riechen, Sehen, Schmecken, Tasten, dazu noch Gleichgewichtssinn, Temperatursinn, Schmerzempfindungssinn, Tiefensensibilitätssinn. Diese Sinne „erden" dich, verbinden dich mit dieser Erde. Was passiert, wenn du diese Sinne nicht trainierst und wach hältst? Elementarste Sinne! Was passiert, wenn du zunehmend in der digitalen Welt lebst als in der realen analogen? Wenn du deine Sinne verkümmern lässt, was passiert dann mit dir?

Atme!

Als du geboren wurdest hast du zum ersten Mal diese Erdatmosphäre eingeatmet, dies mit deiner inneren Atmosphäre gemischt und wieder ausgeatmet. Bereits millionenfach. Jedes Jahr ca. neun Millionen mal. Atem ist Leben. Atmung geschieht. Du musst sie nicht steuern. Und dennoch ist sie aufgrund unseres „sitzenden Zeitalters" total verkümmert. Wir atmen zu flach. Folge ist: Mental und seelisch wird das Leben auch flach. Wir atmen zu wenig. Damit wird auch unser Leben weniger, weniger „erfüllt", weniger gefüllt. Mehr dazu im Kapitel „Atme dich frei" S…..

Atme! Nimm wieder bewusst einen tiefen Atemzug. Jetzt. 2- bis 3 Atemzüge. Bevor du weiterliest.

Ich unterbreche dich, damit du dich immer wieder im Lesen und Erhaschen von weiteren Informationen selbst unterbrichst. *Denn dein altes Denkmuster möchte es schneller. Es möchte längst am Ziel sein. Doch so funktioniert das hier nicht. Atme.* Bewusstes Atmen bringt dich immer in das unmittelbare Hier und Jetzt. Es erdet dich. Es entschleunigt dich und lässt das Gelesene sinnlich verarbeiten. Das ist ungewohnt und herausfordernd. Aber bitte geh ein Stück mit mir! Mach eine neue Erfahrung!

Bleibe in dem Rhythmus:

Abschnitt lesen – Pause durchatmen – lesen – Pause atmen etws lesen – tief durchatmen – etwas lesen – tief durchatmen

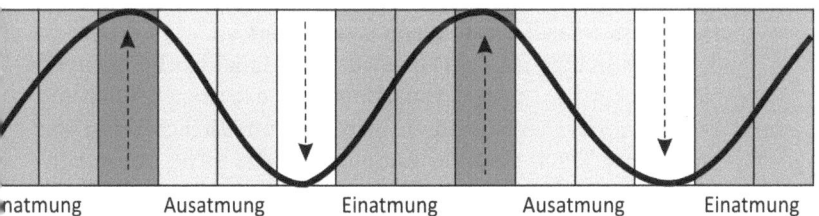

natmung   Ausatmung   Einatmung   Ausatmung   Einatmung

Die Besinnungsfragen

Hier findest du eine Skala zur Einordnung

1 = absolut schlecht, 10 = Bestnote, besser geht es nicht. Die „5,5" bildet zur Orientierung genau die Mitte. Es gibt keinen Wert unter 1 und über 10.

1	2	3	4	5	5,5	6	7	8	9	10

Ordne diesen Fragen bzw. Befindlichkeiten entsprechende Werte zu. Alle Werte, die mehrmals aufeinander folgend gegen 1 tendieren, sind äußerst gefährlich. Hier ist dringende ärztliche und therapeutische Hilfe notwendig. Den Wert 10 unbedingt erreichen zu wollen oder ihn gar zu halten ist eine Illusion. Hin und wieder kann man aber solche Zustände erreichen. Grundsätzlich geht es um eine realistische Einschätzung, wobei 5,5 genau der Mittelwert ist. Ein „Befriedigend". Die Zahl „10" ist eine „1plus plus" und die Zahl „1" eine „6 minus". *Bei der Schmerzskala ist es genau umgekehrt.* Neben den Werten findest du rechts auch ein Feld für Notizen, die du machen kannst, um ggf. den Zustand zuzuordnen bzw. die Ursachen dafür zu erkennen.

1. Wie war deine letzte Nacht bzw. dein Schlaf

Du startest in den Tag. Welche Energie hattest du am Morgen? Ausschlaggebend ist immer auch, wie gut du geschlafen hast. Denn es ist dein Startkapital in den Tag. Und zeigt dir auch auf, ob du in deinem Schlafverhalten etwas ändern kannst oder sollst. Auch wenn du schlecht geschlafen hast und die Stimmung mies ist, kann sich das im Laufe des Tages ändern. Ordne es in der Skala 1- 10 ein.

Hattest du einen Traum? Wenn ja, welchen?
Träume kommen aus dem Unbewussten. Manchmal beinhalten sie Botschaften, Themen, Eingebungen. Sie können dir helfen, Dinge zu verarbeiten und zu klären. Grundsätzlich träumen wir immer. Doch meistens erinnern wir das nicht. Wenn wir nicht unter Druck stehen, zum weckerlosen Aufwachen und Aufstehen hin mehr Zeit haben, erinnern wir Träume leichter.

2. Dein Befinden im Verlaufe des Tages

Rückblickend auf den Tag erinnere dich, wie es dir morgens, mittags und abends ging. Dabei unterscheide bitte den körperlichen, emotionalen und mentalen Zustand.

Körperliches Befinden

Sensorisches Erspüren des Gesamtbefindens – speziell v.a. die Atmung, Knochen, Muskeln, Kreislauf, Organe, Rücken, Kondition, Haut, Schmerzen etc.

Emotionales Befinden

Das können Gefühle sein wie Lust, Trauer, Wut, Resignation, Ohnmacht, Freude, Gelassenheit, Zufriedenheit, Dankbarkeit, etc. Wie weit du z. B. Wut in einer jeweiligen Situation wirklich als „schlecht" oder auch als kraftvolle wichtige Energie bewertest, musst du selbst entscheiden.

Mentales Befinden

Was denkst du, wie leicht oder wie schwer sind deine Gedanken? Bist du im „Hier und Jetzt" vollkommen präsent und wach, grübelst du oder „fließen" deine Gedanken „frei"? Versuche deine Einschätzung eher am „Fluss der Gedanken" und der Offenheit der Gedanken zu bewerten.

Schmerzen / Schmerztagebuch

Falls du gelegentlich körperliche Schmerzen hast, kannst du mit diesem Tagebuch auch herausfinden, ob es mögliche Zusammenhänge mit deinen Gedanken und Gefühlen gibt. Falls Schmerzpatient: Entdecke die Tage und Stunden, in denen du weniger Schmerzen hast oder sogar fast schmerzfrei bist.

3. An welche Erlebnisse/Begegnungen kannst du dich erinnern? Welche waren wichtig?

Lass den Tag noch einmal Revue passieren. Was war alles so los? Unterstreiche die Erlebnisse/Begegnungen, die dir wichtig sind/waren. Job, Partner, Kinder, Menschen, Natur, Tiere, Alleinsein, Fahrten etc.

4. Was hat dich heute überrascht?

Was war heute ungewöhnlich oder hat dich sogar überrascht? Denk und spüre noch einmal nach. Überraschungen unterbrechen die Alltagsroutine und lenken dich mehr in das Hier und Jetzt. *Sie entknoten deine neuronalen Einbahnstraßen.*

5. Was gibt es Gutes und Neues?

Gibt es Gutes und wichtiges Neues an diesem Tag?

6. Was hast du heute gut gemacht?

Wofür kannst du dich loben? Was hast du wirklich auch gut gemacht? Die Fragen und Antworten tauchen zum Teil in der kommenden Frage 6 auf. Oft haben wir im Leben und Erziehung gelernt, den Fokus darauf zu legen, was wir alles schlecht gemacht haben. Das steckt tief drin. Erschreckenderweise können viele Menschen mehr schlechte Sachen aufzählen als gute. Und genau darum geht es. Den Fokus auf das Gute zu legen. Das ist anfangs sogar für viele Menschen anstrengend, das Gute zu finden. Aber es gibt etwas, dass du gut gemacht hast. Auch wenn du oftmals vor diesem leeren Schreibfeld stehst und dir nichts einfällt. Das ändert sich mit der Zeit. Übe es. Deine Selbstkompetenz und Selbstsicherheit werden damit erheblich wachsen!

7. Selbstfürsorge. Wie hast du heute für dich gesorgt? Körperlich, seelisch, mental? Damit es dir gut geht.

Z.B. gesund essen, regelmäßig essen, körperliche Bewegung und/oder Übungen, Pausen, Breaks, etwas gelesen etc. Sozial: gute Gespräche mit Freunden, Hilfe geholt, Arztbesuch, etc. Diese Frage ist äußerst wichtig. Evtl. musst du auch Farbe bekennen und aufschreiben, dass du schlecht für dich gesorgt hast. Aber alleine mit der Beantwortung der Besinnungsfragen fängst du an, für dich besser zu sorgen. Jetzt in diesem Augenblick! Wenn du nicht genügend für dich gesorgt hast:

Warum? Was sind die wirklichen Gründe? Es nicht zu tun? Welche Ausreden? Was verbindest du mit dem Thema „Selbstfürsorge"? Wie steht es mit deiner Selbstverantwortung, es dir gutgehen zu lassen und dich besser zu zentrieren?

8. Was hast du für dein Herz getan? Was hat dich heute „im Herzen berührt"?

Wie geht es deinem Herz? Im Herzen? Was möchte dein Herz? Hier geht es nicht um das Medikament „Doppelherz" oder um Verliebtheitsepisoden oder Wünsche. Auch nicht um Emotionen wie Wut, Trauer, Euphorie, Lust, etc., sondern um etwas mehr und Höheres. Das HERZSEIN. Im Herzen sein. Um Verschließung oder Öffnung des Herzens.

9. Was hast du aus den Erfahrungen heute gelernt? Was könntest oder möchtest du in den kommenden Tagen besser machen?

Jetzt geht es ans Eingemachte! Manchmal fällt dir dazu nichts ein und manchmal ist es ganz einfach und klar. Oftmals bleibt das Feld leer. Dann ist es so, wie es ist. Wir können nicht jeden Tag lernen. Halte es aus, dass das Feld auch hin und wieder leer bleibt.

10. Wofür kannst und möchtest du dich heute bedanken? Dank sagen?

Diese Besinnungsfrage ist die wichtigste! Siehe dazu auch das Kapitel „Dankbarkeit ist eine Liebeserklärung an das Leben" S. 54. Du kannst danken für deine Selbstfürsorge oder eine Begegnung, ein Gespräch, eine Erkenntnis, eine Hilfe, der Natur, einem Tier, deinem Wohl materiell und geistig, deinem Herzen, Schmerzfreiheit, Gesundheit etc. Wofür möchtest du heute danken? Wirklich danken? Lerne zu danken und du gewinnst eine neue Lebensenergie.

11. Was hält dich noch in Gedanken und/oder Gefühlen fest? Womit haderst du? Was hält dich noch innerlich fest?

Ein Konflikt? Gedanken, Gefühle, Schmerzen u.a. Nimm es einfach nur wahr, dass es da ist. Auch wenn es nicht schön ist. Akzeptiere es, so wie es noch oder gerade ist. Nimm es an. Es will gesehen werden. Drück es nicht weg. Geh aber jetzt bitte nicht in die Gefühle hinein. Betrachte es von außen als Zeuge/Beobachter. Schreib es auf und lass es dort stehen und ruhen. Es ist gesagt. Mehr nicht. Allein das wirkt zum Guten hin!

12. Was ist die Essenz dieses/deines Tages?

Bring es auf den Punkt! Ein Wort oder ein kurzer Satz z.B. Zerstreutheit, Verzettelung, Klarheit, Akzeptanz, Aufbruch, Ruhe, Verliebtheit, Herzöffnung, zu sich stehen, Verzweiflung, den Ärger überwunden, Ärger annehmen, Offenheit, ich stehe total neben mir, Lust leben, Schmerzfreiheit, etc. Lass es einfach so stehen.

13. Ich lasse jetzt diesen Tag ganz los. Der Tag ist gelebt.

Spreche dies für dich langsam leise oder laut:

„Der Tag ist unwiederbringlich vorbei. Der Tag ist gelebt. Ich lasse los: Meine Gedanken, meine Gefühle, meinen Körper. Ich kann heute nichts mehr daran ändern oder noch etwas verändern. Ich akzeptiere, wie es ist. Ich lasse los und übergebe mich der Nacht, dem Schlaf. Die Natur in mir arbeitet für mich weiter. Für meine Regeneration in der Nacht. Ich habe jetzt mein Bestes gegeben. Ich lasse den Tag los."

Gerne kannst du für dich auch einen eigenen Text entwickeln und dir vorlesen.

Täglich am Abend vor dem Schlafengehen. 10 Minuten, die deine Gedanken klären.

24 Stunden = 24 x 60 = das sind
10 Minuten von 1.440 Minuten

Kopiere dir die Tageskontrollbögen. Lege möglichst einen Ordner dazu an. Lege sie dir am Abend genau an den Ort, an dem du erinnert wirst es zu tun. Auch wenn du noch so müde bist....mache es! Es ist deine Gedankenhygiene. Erfolge erzielst du, wenn du es mindestens auch einmal 6 Wochen lang regelmäßig durchziehst. Es ist dein Weg zu deiner Klarheit, deinen Schätzen, deinen Ressourcen, deiner Gesundheit. Oder bestell dir das „THE WAY Trainingsbuch" mit 6-Wochen-Programm zum direkten Reinschreiben. 160 S. Selbstkostenpreis nur 6,99 €.

ISBN 9783754321485

1. Wie war meine letzte Nacht bzw. mein Schlaf

6.0

| 1 | 2 | 3 | 4 | 5 | 5,5 | ✗ | 7 | 8 | 9 | 10 |

Gibt es einen Traum/Träume? Wenn ja, welchen?

2. Mein Befinden im Verlaufe des Tages

Durchschnitt

4.5

morgens

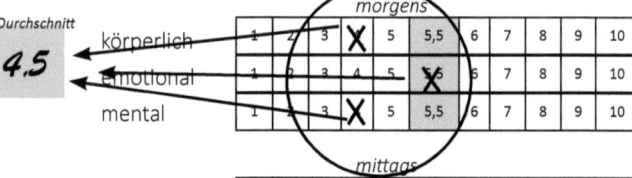

körperlich	1	2	3	✗	5	5,5	6	7	8	9	10
emotional	1	2	3	4	5	✗	6	7	8	9	10
mental	1	2	3	✗	5	5,5	6	7	8	9	10

Durchschnitt

5.6

mittags

körperlich	1	2	3	4	5	✗	6	7	8	9	10
emotional	1	2	3	4	5	5,5	✗	7	8	9	10
mental	1	2	3	4	5	✗	6	7	8	9	10

Durchschnitt

4.3

abends

körperlich	1	2	3	✗	5	5,5	6	7	8	9	10
emotional	1	2	3	4	✗	5,5	6	7	8	9	10
mental	1	2	3	✗	5	5,5	6	7	8	9	10

Schmerzen? Wenn ja, welche, wann und wie:

Durchschnitt

morgens	1	2	3	4	5	5,5	6	7		9	10
mittags	1	2	3	4	5	5,5	6	7		9	10
abends	1	2	3	4	5	5,5	6	7	8	9	10

Skala umgekehrt! 10 = schlimmster Schmerz

Falls Medikamente, welche sowie Dosis:

3. Erlebnisse/Begegnungen? Und welche waren wichtig?

Gesamtbefinden
Durchschnitt
ohne Schlafwert

4.8

4. Was hat mich heute überrascht?

5. Was gibt es Gutes und Neues?

6. Was habe ich heute gut gemacht?

7. Selbstfürsorge. Wie habe ich heute für mich gesorgt? Körperlich, seelisch, mental. Damit es mir gut geht.

8. Was habe ich für mein Herz getan? Was hat mein Herz erreicht?

9. Was kann ich aus den heutigen Erfahrungen lernen? Was möchte ich in den kommenden Tagen besser machen?

10. Dank sagen. Ich bedanke mich heute für:

11. Was hält mich noch in Gedanken und/oder Gefühlen fest?

12. Was ist die Essenz dieses/meines Tages?

13. Ich lasse jetzt ganz los. Der Tag ist gelebt. Ich lese jetzt langsam:

„Der Tag ist vorbei. Der Tag ist gelebt. Ich habe heute mein Bestes gegeben. Ich konnte in meinem situativen Bewusstsein nur so handeln, wie ich gehandelt habe. Ich lasse los. Meine Gedanken, meine Gefühle, meinen Körper. Ich kann heute rückblickend nichts mehr ändern. Ich akzeptiere, wie es ist. Ich lasse los und übergebe mich dem Schlaf. Die Natur in mir arbeitet für mich weiter. Für meine Regeneration in der Nacht. Morgen ist ein neuer Tag .“

Starte
dein
Logbuch

THE

Dein Tag Dein Leben Dein Buch

WAY

Trainingsbuch
6-Wochen-Programm

BERND TRUSHEIM

Dieses Zusatzbuch
ist als Tagebuch zum
direkten Reinschreiben
konzipiert. Als 6 Wochen-
Programm. Es erspart
dir Zeit, Kopien und eine
Zettelwirtschaft.

160 Seiten, nur 6,99 €
ISBN 9783754321485
online bei www.bod.de,
Amazon, Thalia oder im
Buchhandel.

1. Wie war meine letzte Nacht bzw. mein Schlaf

1	2	3	4	5	5,5	6	7	8	9	10

Gibt es einen Traum/Träume? Wenn ja, welchen?

---

2. Mein Befinden im Verlaufe des Tages

Durchschnitt

morgens

	1	2	3	4	5	5,5	6	7	8	9	10
körperlich	1	2	3	4	5	5,5	6	7	8	9	10
emotional	1	2	3	4	5	5,5	6	7	8	9	10
mental	1	2	3	4	5	5,5	6	7	8	9	10

Durchschnitt

mittags

	1	2	3	4	5	5,5	6	7	8	9	10
körperlich	1	2	3	4	5	5,5	6	7	8	9	10
emotional	1	2	3	4	5	5,5	6	7	8	9	10
mental	1	2	3	4	5	5,5	6	7	8	9	10

Durchschnitt

abends

	1	2	3	4	5	5,5	6	7	8	9	10
körperlich	1	2	3	4	5	5,5	6	7	8	9	10
emotional	1	2	3	4	5	5,5	6	7	8	9	10
mental	1	2	3	4	5	5,5	6	7	8	9	10

Schmerzen? Wenn ja, welche, wann und wie:

Durchschnitt

	1	2	3	4	5	5,5	6	7	8	9	10
morgens	1	2	3	4	5	5,5	6	7	8	9	10
mittags	1	2	3	4	5	5,5	6	7	8	9	10
abends	1	2	3	4	5	5,5	6	7	8	9	10

Skala umgekehrt! 10 = schlimmster Schmerz

Falls Medikamente, welche sowie Dosis:

---

3. Meine Erlebnisse/Begegnungen? Welche waren wichtig?

Gesamtbefinden
Durchschnitt

<u>ohne</u> Schlafwert
<u>ohne</u> Schmerzw.

Aus dem Buch „THE WAY Dein Tag Dein Leben

4. Was hat mich heute überrascht?

5. Was gibt es Gutes und Neues?

6. Was habe ich heute gut gemacht?

7. Selbstfürsorge. Wie habe ich heute für mich gesorgt? Körperlich, seelisch, mental. Damit es mir gut geht.

8. Was habe ich für mein Herz getan? Was hat mein Herz erreicht?

9. Was kann ich aus den heutigen Erfahrungen lernen? Was möchte ich in den kommenden Tagen besser machen?

10. Dank sagen. Ich bedanke mich heute für:

11. Was hält mich noch in Gedanken und/oder Gefühlen fest?

12. Was ist die Essenz dieses/meines Tages?

13. Ich lasse jetzt ganz los. Der Tag ist gelebt. Ich lese jetzt langsam:

„Der Tag ist vorbei. Der Tag ist gelebt. Ich habe heute mein Bestes gegeben. Ich konnte in meinem situativen Bewusstsein nur so handeln, wie ich gehandelt habe. Ich lasse los. Meine Gedanken, meine Gefühle, meinen Körper. Ich kann heute rückblickend nichts mehr ändern. Ich akzeptiere, wie es ist. Ich lasse los und übergebe mich dem Schlaf. Die Natur in mir arbeitet für mich weiter. Für meine Regeneration in der Nacht. Morgen ist ein neuer Tag .“

1. Wie war meine letzte Nacht bzw. mein Schlaf

1	2	3	4	5	5,5	6	7	8	9	10

Gibt es einen Traum/Träume? Wenn ja, welchen?

2. Mein Befinden im Verlaufe des Tages

Durchschnitt

morgens

körperlich

1	2	3	4	5	5,5	6	7	8	9	10

emotional

1	2	3	4	5	5,5	6	7	8	9	10

mental

1	2	3	4	5	5,5	6	7	8	9	10

Durchschnitt

mittags

körperlich

1	2	3	4	5	5,5	6	7	8	9	10

emotional

1	2	3	4	5	5,5	6	7	8	9	10

mental

1	2	3	4	5	5,5	6	7	8	9	10

Durchschnitt

abends

körperlich

1	2	3	4	5	5,5	6	7	8	9	10

emotional

1	2	3	4	5	5,5	6	7	8	9	10

mental

1	2	3	4	5	5,5	6	7	8	9	10

Schmerzen? Wenn ja, welche, wann und wie:

Durchschnitt

morgens

1	2	3	4	5	5,5	6	7	8	9	10

mittags

1	2	3	4	5	5,5	6	7	8	9	10

abends

1	2	3	4	5	5,5	6	7	8	9	10

Skala umgekehrt! 10 = schlimmster Schmerz

Falls Medikamente, welche sowie Dosis:

3. Meine Erlebnisse/Begegnungen? Welche waren wichtig?

Gesamtbefinden
Durchschnitt

<u>ohne</u> Schlafwert
<u>ohne</u> Schmerzw.

4. Was hat mich heute überrascht?

5. Was gibt es Gutes und Neues?

6. Was habe ich heute gut gemacht?

7. Selbstfürsorge. Wie habe ich heute für mich gesorgt? Körperlich, seelisch, mental. Damit es mir gut geht.

8. Was habe ich für mein Herz getan? Was hat mein Herz erreicht?

9. Was kann ich aus den heutigen Erfahrungen lernen? Was möchte ich in den kommenden Tagen besser machen?

10. Dank sagen. Ich bedanke mich heute für:

11. Was hält mich noch in Gedanken und/oder Gefühlen fest?

12. Was ist die Essenz dieses/meines Tages?

13. Ich lasse jetzt ganz los. Der Tag ist gelebt. Ich lese jetzt langsam:

„Der Tag ist vorbei. Der Tag ist gelebt. Ich habe heute mein Bestes gegeben. Ich konnte in meinem situativen Bewusstsein nur so handeln, wie ich gehandelt habe. Ich lasse los. Meine Gedanken, meine Gefühle, meinen Körper. Ich kann heute rückblickend nichts mehr ändern. Ich akzeptiere, wie es ist. Ich lasse los und übergebe mich dem Schlaf. Die Natur in mir arbeitet für mich weiter. Für meine Regeneration in der Nacht. Morgen ist ein neuer Tag ."

1. Wie war meine letzte Nacht bzw. mein Schlaf

1	2	3	4	5	5,5	6	7	8	9	10

Gibt es einen Traum/Träume? Wenn ja, welchen?

2. Mein Befinden im Verlaufe des Tages

Durchschnitt

morgens

	1	2	3	4	5	5,5	6	7	8	9	10
körperlich	1	2	3	4	5	5,5	6	7	8	9	10
emotional	1	2	3	4	5	5,5	6	7	8	9	10
mental	1	2	3	4	5	5,5	6	7	8	9	10

Durchschnitt

mittags

	1	2	3	4	5	5,5	6	7	8	9	10
körperlich	1	2	3	4	5	5,5	6	7	8	9	10
emotional	1	2	3	4	5	5,5	6	7	8	9	10
mental	1	2	3	4	5	5,5	6	7	8	9	10

Durchschnitt

abends

	1	2	3	4	5	5,5	6	7	8	9	10
körperlich	1	2	3	4	5	5,5	6	7	8	9	10
emotional	1	2	3	4	5	5,5	6	7	8	9	10
mental	1	2	3	4	5	5,5	6	7	8	9	10

Schmerzen? Wenn ja, welche, wann und wie:

Durchschnitt

	1	2	3	4	5	5,5	6	7	8	9	10
morgens	1	2	3	4	5	5,5	6	7	8	9	10
mittags	1	2	3	4	5	5,5	6	7	8	9	10
abends	1	2	3	4	5	5,5	6	7	8	9	10

Skala umgekehrt! 10 = schlimmster Schmerz

Falls Medikamente, welche sowie Dosis:

3. Meine Erlebnisse/Begegnungen? Welche waren wichtig?

Gesamtbefinden
Durchschnitt

ohne Schlafwert
ohne Schmerzw.

4. Was hat mich heute überrascht?

5. Was gibt es Gutes und Neues?

6. Was habe ich heute gut gemacht?

7. Selbstfürsorge. Wie habe ich heute für mich gesorgt? Körperlich, seelisch, mental. Damit es mir gut geht.

8. Was habe ich für mein Herz getan? Was hat mein Herz erreicht?

9. Was kann ich aus den heutigen Erfahrungen lernen? Was möchte ich in den kommenden Tagen besser machen?

10. Dank sagen. Ich bedanke mich heute für:

11. Was hält mich noch in Gedanken und/oder Gefühlen fest?

12. Was ist die Essenz dieses/meines Tages?

13. Ich lasse jetzt ganz los. Der Tag ist gelebt. Ich lese jetzt langsam:

„Der Tag ist vorbei. Der Tag ist gelebt. Ich habe heute mein Bestes gegeben. Ich konnte in meinem situativen Bewusstsein nur so handeln, wie ich gehandelt habe. Ich lasse los. Meine Gedanken, meine Gefühle, meinen Körper. Ich kann heute rückblickend nichts mehr ändern. Ich akzeptiere, wie es ist. Ich lasse los und übergebe mich dem Schlaf. Die Natur in mir arbeitet für mich weiter. Für meine Regeneration in der Nacht. Morgen ist ein neuer Tag ."

1. Wie war meine letzte Nacht bzw. mein Schlaf

1	2	3	4	5	5,5	6	7	8	9	10

Gibt es einen Traum/Träume? Wenn ja, welchen?

---

2. Mein Befinden im Verlaufe des Tages

Durchschnitt

morgens

	1	2	3	4	5	5,5	6	7	8	9	10
körperlich	1	2	3	4	5	5,5	6	7	8	9	10
emotional	1	2	3	4	5	5,5	6	7	8	9	10
mental	1	2	3	4	5	5,5	6	7	8	9	10

Durchschnitt

mittags

	1	2	3	4	5	5,5	6	7	8	9	10
körperlich	1	2	3	4	5	5,5	6	7	8	9	10
emotional	1	2	3	4	5	5,5	6	7	8	9	10
mental	1	2	3	4	5	5,5	6	7	8	9	10

Durchschnitt

abends

	1	2	3	4	5	5,5	6	7	8	9	10
körperlich	1	2	3	4	5	5,5	6	7	8	9	10
emotional	1	2	3	4	5	5,5	6	7	8	9	10
mental	1	2	3	4	5	5,5	6	7	8	9	10

Schmerzen? Wenn ja, welche, wann und wie:

Durchschnitt

	1	2	3	4	5	5,5	6	7	8	9	10
morgens	1	2	3	4	5	5,5	6	7	8	9	10
mittags	1	2	3	4	5	5,5	6	7	8	9	10
abends	1	2	3	4	5	5,5	6	7	8	9	10

Skala umgekehrt! 10 = schlimmster Schmerz

Falls Medikamente, welche sowie Dosis:

---

3. Meine Erlebnisse/Begegnungen? Welche waren wichtig?

Gesamtbefinden
Durchschnitt

ohne *Schlafwert*
ohne *Schmerzw.*

Aus dem Buch „THE WAY Dein Tag Dein Leben

4. Was hat mich heute überrascht?

5. Was gibt es Gutes und Neues?

6. Was habe ich heute gut gemacht?

7. Selbstfürsorge. Wie habe ich heute für mich gesorgt? Körperlich, seelisch, mental. Damit es mir gut geht.

8. Was habe ich für mein Herz getan? Was hat mein Herz erreicht?

9. Was kann ich aus den heutigen Erfahrungen lernen? Was möchte ich in den kommenden Tagen besser machen?

10. Dank sagen. Ich bedanke mich heute für:

11. Was hält mich noch in Gedanken und/oder Gefühlen fest?

12. Was ist die Essenz dieses/meines Tages?

13. Ich lasse jetzt ganz los. Der Tag ist gelebt. Ich lese jetzt langsam:

„Der Tag ist vorbei. Der Tag ist gelebt. Ich habe heute mein Bestes gegeben. Ich konnte in meinem situativen Bewusstsein nur so handeln, wie ich gehandelt habe. Ich lasse los. Meine Gedanken, meine Gefühle, meinen Körper. Ich kann heute rückblickend nichts mehr ändern. Ich akzeptiere, wie es ist. Ich lasse los und übergebe mich dem Schlaf. Die Natur in mir arbeitet für mich weiter. Für meine Regeneration in der Nacht. Morgen ist ein neuer Tag ."

1. Wie war meine letzte Nacht bzw. mein Schlaf

1	2	3	4	5	5,5	6	7	8	9	10

Gibt es einen Traum/Träume? Wenn ja, welchen?

2. Mein Befinden im Verlaufe des Tages

Durchschnitt

morgens

körperlich	1	2	3	4	5	5,5	6	7	8	9	10
emotional	1	2	3	4	5	5,5	6	7	8	9	10
mental	1	2	3	4	5	5,5	6	7	8	9	10

Durchschnitt

mittags

körperlich	1	2	3	4	5	5,5	6	7	8	9	10
emotional	1	2	3	4	5	5,5	6	7	8	9	10
mental	1	2	3	4	5	5,5	6	7	8	9	10

Durchschnitt

abends

körperlich	1	2	3	4	5	5,5	6	7	8	9	10
emotional	1	2	3	4	5	5,5	6	7	8	9	10
mental	1	2	3	4	5	5,5	6	7	8	9	10

Schmerzen? Wenn ja, welche, wann und wie:

Durchschnitt

morgens	1	2	3	4	5	5,5	6	7	8	9	10
mittags	1	2	3	4	5	5,5	6	7	8	9	10
abends	1	2	3	4	5	5,5	6	7	8	9	10

Skala umgekehrt! 10 = schlimmster Schmerz

Falls Medikamente, welche sowie Dosis:

3. Meine Erlebnisse/Begegnungen? Welche waren wichtig?

Gesamtbefinden
Durchschnitt

ohne *Schlafwert*
ohne *Schmerzw.*

4. Was hat mich heute überrascht?

5. Was gibt es Gutes und Neues?

6. Was habe ich heute gut gemacht?

7. Selbstfürsorge. Wie habe ich heute für mich gesorgt? Körperlich, seelisch, mental. Damit es mir gut geht.

8. Was habe ich für mein Herz getan? Was hat mein Herz erreicht?

9. Was kann ich aus den heutigen Erfahrungen lernen? Was möchte ich in den kommenden Tagen besser machen?

10. Dank sagen. Ich bedanke mich heute für:

11. Was hält mich noch in Gedanken und/oder Gefühlen fest?

12. Was ist die Essenz dieses/meines Tages?

13. Ich lasse jetzt ganz los. Der Tag ist gelebt. Ich lese jetzt langsam:

„Der Tag ist vorbei. Der Tag ist gelebt. Ich habe heute mein Bestes gegeben. Ich konnte in meinem situativen Bewusstsein nur so handeln, wie ich gehandelt habe. Ich lasse los. Meine Gedanken, meine Gefühle, meinen Körper. Ich kann heute rückblickend nichts mehr ändern. Ich akzeptiere, wie es ist. Ich lasse los und übergebe mich dem Schlaf. Die Natur in mir arbeitet für mich weiter. Für meine Regeneration in der Nacht. Morgen ist ein neuer Tag ."

1. Wie war meine letzte Nacht bzw. mein Schlaf

1	2	3	4	5	5,5	6	7	8	9	10

Gibt es einen Traum/Träume? Wenn ja, welchen?

2. Mein Befinden im Verlaufe des Tages

Durchschnitt

morgens

	1	2	3	4	5	5,5	6	7	8	9	10
körperlich	1	2	3	4	5	5,5	6	7	8	9	10
emotional	1	2	3	4	5	5,5	6	7	8	9	10
mental	1	2	3	4	5	5,5	6	7	8	9	10

Durchschnitt

mittags

	1	2	3	4	5	5,5	6	7	8	9	10
körperlich	1	2	3	4	5	5,5	6	7	8	9	10
emotional	1	2	3	4	5	5,5	6	7	8	9	10
mental	1	2	3	4	5	5,5	6	7	8	9	10

Durchschnitt

abends

	1	2	3	4	5	5,5	6	7	8	9	10
körperlich	1	2	3	4	5	5,5	6	7	8	9	10
emotional	1	2	3	4	5	5,5	6	7	8	9	10
mental	1	2	3	4	5	5,5	6	7	8	9	10

Schmerzen? Wenn ja, welche, wann und wie:

Durchschnitt

	1	2	3	4	5	5,5	6	7	8	9	10
morgens	1	2	3	4	5	5,5	6	7	8	9	10
mittags	1	2	3	4	5	5,5	6	7	8	9	10
abends	1	2	3	4	5	5,5	6	7	8	9	10

Skala umgekehrt! 10 = schlimmster Schmerz

Falls Medikamente, welche sowie Dosis:

3. Meine Erlebnisse/Begegnungen? Welche waren wichtig?

Gesamtbefinden
Durchschnitt

<u>ohne</u> *Schlafwert*
<u>ohne</u> *Schmerzw.*

Aus dem Buch „THE WAY Dein Tag Dein Leben

4. Was hat mich heute überrascht?

5. Was gibt es Gutes und Neues?

6. Was habe ich heute gut gemacht?

7. Selbstfürsorge. Wie habe ich heute für mich gesorgt? Körperlich, seelisch, mental. Damit es mir gut geht.

8. Was habe ich für mein Herz getan? Was hat mein Herz erreicht?

9. Was kann ich aus den heutigen Erfahrungen lernen? Was möchte ich in den kommenden Tagen besser machen?

10. Dank sagen. Ich bedanke mich heute für:

11. Was hält mich noch in Gedanken und/oder Gefühlen fest?

12. Was ist die Essenz dieses/meines Tages?

---

13. Ich lasse jetzt ganz los. Der Tag ist gelebt. Ich lese jetzt langsam:

„Der Tag ist vorbei. Der Tag ist gelebt. Ich habe heute mein Bestes gegeben. Ich konnte in meinem situativen Bewusstsein nur so handeln, wie ich gehandelt habe. Ich lasse los. Meine Gedanken, meine Gefühle, meinen Körper. Ich kann heute rückblickend nichts mehr ändern. Ich akzeptiere, wie es ist. Ich lasse los und übergebe mich dem Schlaf. Die Natur in mir arbeitet für mich weiter. Für meine Regeneration in der Nacht. Morgen ist ein neuer Tag ."

1. Wie war meine letzte Nacht bzw. mein Schlaf

1	2	3	4	5	5,5	6	7	8	9	10

Gibt es einen Traum/Träume? Wenn ja, welchen?

2. Mein Befinden im Verlaufe des Tages

Durchschnitt

morgens

	1	2	3	4	5	5,5	6	7	8	9	10
körperlich	1	2	3	4	5	5,5	6	7	8	9	10
emotional	1	2	3	4	5	5,5	6	7	8	9	10
mental	1	2	3	4	5	5,5	6	7	8	9	10

Durchschnitt

mittags

	1	2	3	4	5	5,5	6	7	8	9	10
körperlich	1	2	3	4	5	5,5	6	7	8	9	10
emotional	1	2	3	4	5	5,5	6	7	8	9	10
mental	1	2	3	4	5	5,5	6	7	8	9	10

Durchschnitt

abends

	1	2	3	4	5	5,5	6	7	8	9	10
körperlich	1	2	3	4	5	5,5	6	7	8	9	10
emotional	1	2	3	4	5	5,5	6	7	8	9	10
mental	1	2	3	4	5	5,5	6	7	8	9	10

Schmerzen? Wenn ja, welche, wann und wie:

Durchschnitt

	1	2	3	4	5	5,5	6	7	8	9	10
morgens	1	2	3	4	5	5,5	6	7	8	9	10
mittags	1	2	3	4	5	5,5	6	7	8	9	10
abends	1	2	3	4	5	5,5	6	7	8	9	10

Skala umgekehrt! 10 = schlimmster Schmerz

Falls Medikamente, welche sowie Dosis:

3. Meine Erlebnisse/Begegnungen? Welche waren wichtig?

Gesamtbefinden
Durchschnitt

<u>ohne</u> *Schlafwert*
<u>ohne</u> *Schmerzw.*

Aus dem Buch „THE WAY Dein Tag Dein Leben"

4. Was hat mich heute überrascht?

5. Was gibt es Gutes und Neues?

6. Was habe ich heute gut gemacht?

7. Selbstfürsorge. Wie habe ich heute für mich gesorgt? Körperlich, seelisch, mental. Damit es mir gut geht.

8. Was habe ich für mein Herz getan? Was hat mein Herz erreicht?

9. Was kann ich aus den heutigen Erfahrungen lernen? Was möchte ich in den kommenden Tagen besser machen?

10. Dank sagen. Ich bedanke mich heute für:

11. Was hält mich noch in Gedanken und/oder Gefühlen fest?

12. Was ist die Essenz dieses/meines Tages?

13. Ich lasse jetzt ganz los. Der Tag ist gelebt. Ich lese jetzt langsam:

„Der Tag ist vorbei. Der Tag ist gelebt. Ich habe heute mein Bestes gegeben. Ich konnte in meinem situativen Bewusstsein nur so handeln, wie ich gehandelt habe. Ich lasse los. Meine Gedanken, meine Gefühle, meinen Körper. Ich kann heute rückblickend nichts mehr ändern. Ich akzeptiere, wie es ist. Ich lasse los und übergebe mich dem Schlaf. Die Natur in mir arbeitet für mich weiter. Für meine Regeneration in der Nacht. Morgen ist ein neuer Tag .“

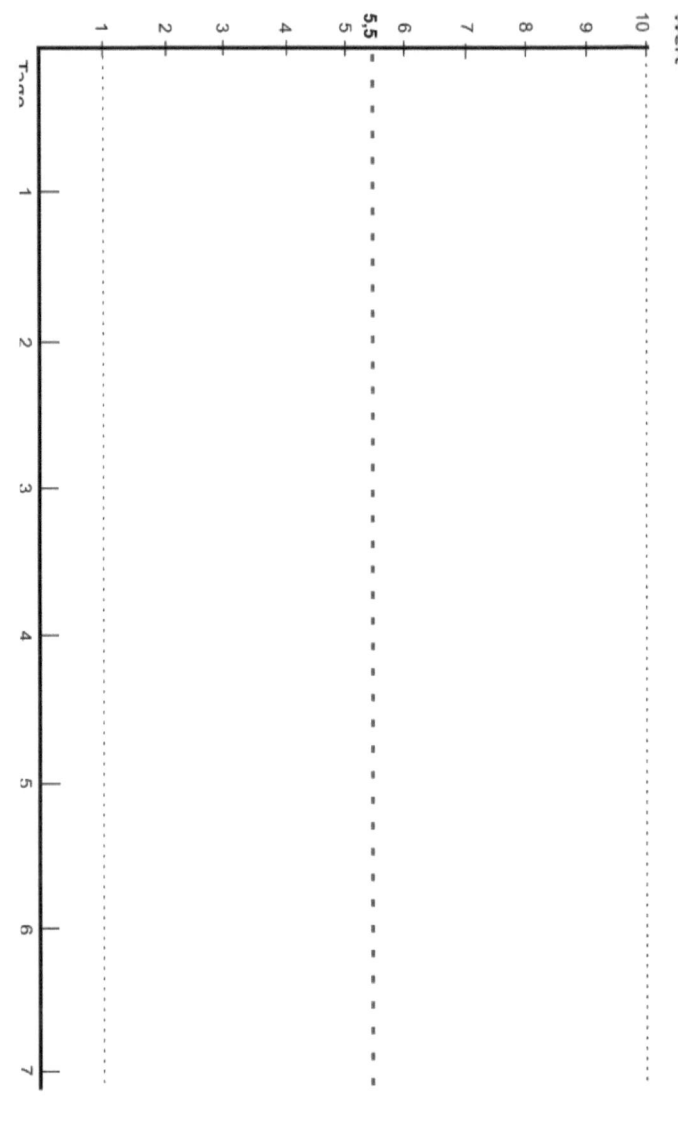

Max.

10
9
8
7
6
5,5
5
4
3
2
1

Tage

1 2 3 4 5 6 7

Übertrage zuerst die Tagesgesamtwertzahlen und verbinde die Punkte miteinander zu einer dicken Linie.

Trage anschließend die weiteren Werte für körperliches, emotionales, mentales Befinden sowie Schlafbefinden ein und verbinde sie ebenso zu Kurven – am besten mit verschiedenen Farbstiften für mental, emotional, körperlich. Der Mittelwert ist 5,5. Liegen deine Kurven insgesamt über dieser Linie oder unter der Linie?

Aus dem Buch „THE WAY Dein Tag Dein Leben"

Gesamtdurchschnittswert der Woche für die Übungen:

Tageswerte addieren – durch 7 teilen oder der faktisch absolvierten Übungstage

Wochengesamtwert

ohne Schlafwert und ohne Schmerzwert

Wochenwert körperlich ....

Wochenwert emotional ....

Wochenwert mental ....

Wochenwert Schlaf ....

Schmerzen/Schmerzverlauf/Wert ....
Hat sich etwas verändert? Gab es Tage der Schmerzfreiheit?
Gibt es Zusammenhänge mit Ereignissen/Erlebnissen?

In meinem Befinden hat sich etwas verändert:

körperlich

emotional

mental

Falls ja. Worauf gründet die Veränderung?

Ich möchte mich für die vergangene Woche besonders bedanken für:
Schau noch einmal auf deine Danksagungen. Entscheide dich für eine oder zwei Danksagungen oder schreibe etwas Neues auf, was dir einfällt:

Ich habe folgendes wirklich gut gemacht. Dafür nehme ich mich jetzt in die Arme und wertschätze mich: *Schau noch einmal auf die Tagebucheintragungen der Woche. Wähle 2 -3 Fakten aus*

Ein Ereignis hat mich besonders in meiner Alltagsroutine überrascht:
Bitte schau rückblickend auf die Frage „Überraschung"

Meine Erkenntnis aus dieser Überraschung ist....

Was mir noch wichtig ist hier einzutragen:
Brainstorming, Worte, Gedanken

Aus dem Buch „THE WAY Dein Tag Dein Leben"

Meine Essenzen/Themen der jeweiligen Tage:

Bitte trage alles, was du in Tagesessenzen aufgeschrieben hast, hier noch einmal ein:

Für mich ergibt sich ein Thema / eine Erkenntnis aus den Essenzen:

Aus dieser Erkenntnis möchte ich in den kommenden Tagen folgendes umsetzen: *To-do-Liste und wie genau umsetzen*

1. Wie war meine letzte Nacht bzw. mein Schlaf

1	2	3	4	5	5,5	6	7	8	9	10

Gibt es einen Traum/Träume? Wenn ja, welchen?

---

2. Mein Befinden im Verlaufe des Tages

Durchschnitt

morgens

körperlich	1	2	3	4	5	5,5	6	7	8	9	10
emotional	1	2	3	4	5	5,5	6	7	8	9	10
mental	1	2	3	4	5	5,5	6	7	8	9	10

Durchschnitt

mittags

körperlich	1	2	3	4	5	5,5	6	7	8	9	10
emotional	1	2	3	4	5	5,5	6	7	8	9	10
mental	1	2	3	4	5	5,5	6	7	8	9	10

Durchschnitt

abends

körperlich	1	2	3	4	5	5,5	6	7	8	9	10
emotional	1	2	3	4	5	5,5	6	7	8	9	10
mental	1	2	3	4	5	5,5	6	7	8	9	10

Schmerzen? Wenn ja, welche, wann und wie:

Durchschnitt

morgens	1	2	3	4	5	5,5	6	7	8	9	10
mittags	1	2	3	4	5	5,5	6	7	8	9	10
abends	1	2	3	4	5	5,5	6	7	8	9	10

Skala umgekehrt! 10 = schlimmster Schmerz

Falls Medikamente, welche sowie Dosis:

---

3. Meine Erlebnisse/Begegnungen? Welche waren wichtig?

Gesamtbefinden
Durchschnitt

[ ]

ohne Schlafwert
ohne Schmerzw.

4. Was hat mich heute überrascht?

5. Was gibt es Gutes und Neues?

6. Was habe ich heute gut gemacht?

7. Selbstfürsorge. Wie habe ich heute für mich gesorgt? Körperlich, seelisch, mental. Damit es mir gut geht.

8. Was habe ich für mein Herz getan? Was hat mein Herz erreicht?

9. Was kann ich aus den heutigen Erfahrungen lernen? Was möchte ich in den kommenden Tagen besser machen?

10. Dank sagen. Ich bedanke mich heute für:

11. Was hält mich noch in Gedanken und/oder Gefühlen fest?

12. Was ist die Essenz dieses/meines Tages?

13. Ich lasse jetzt ganz los. Der Tag ist gelebt. Ich lese jetzt langsam:

„Der Tag ist vorbei. Der Tag ist gelebt. Ich habe heute mein Bestes gegeben. Ich konnte in meinem situativen Bewusstsein nur so handeln, wie ich gehandelt habe. Ich lasse los. Meine Gedanken, meine Gefühle, meinen Körper. Ich kann heute rückblickend nichts mehr ändern. Ich akzeptiere, wie es ist. Ich lasse los und übergebe mich dem Schlaf. Die Natur in mir arbeitet für mich weiter. Für meine Regeneration in der Nacht. Morgen ist ein neuer Tag .“

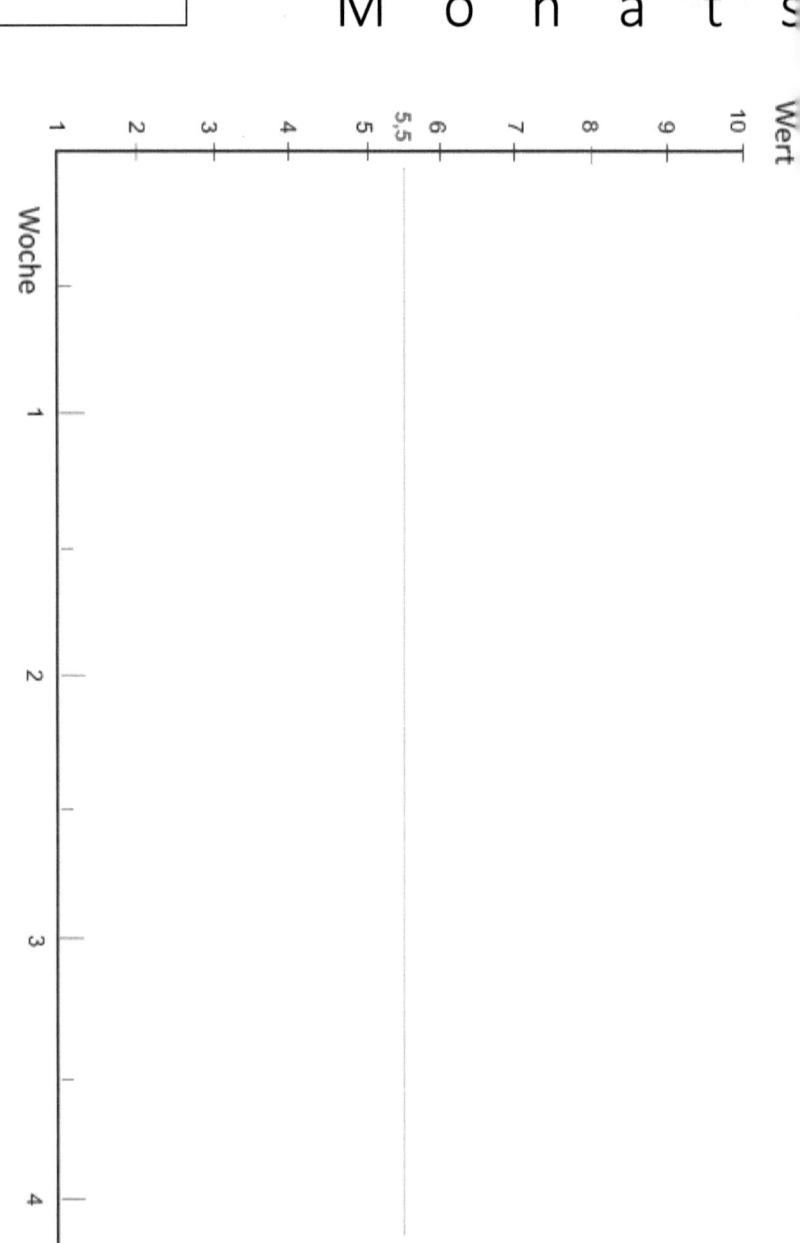

b i l a n z ₁

Gesamtdurchschnittswert des Monats
Wochenwerte von 4 Wochen addieren – durch 4 teilen
ohne Schlafwert

Monatswert körperlich   ....
Monatswert emotional   ....
Monatswert mental   ....
Monatswert Schlaf   ....

Monatswert Schmerzen   ....
Hat sich etwas verändert? Gab es Tage der Schmerzfreiheit?

In meinem Befinden hat sich etwas verändert:
körperlich   emotional   mental

Falls ja. Welche Gründe gibt es für die Veränderung?

Essenz – welche Erkenntnisse hast du in den letzten Wochen
gewonnen? *Schau dir noch mal die Essenzen der vier Wochen an und schreibe sie hier noch einmal auf*

Ergibt sich aus diesen Essenzen ein neues Thema/eine Erkenntnis

1. Was hast du gut gemacht? Für was kannst du dich selbst in die Arme nehmen? Schätze dich wert, was du in diesen 4 Wochen geschafft hast:

2. Konntest du bezüglich eines Problems und seiner Lösung ein Stück weiterkommen?

Wenn ja, worauf beruht die Lösung

Wenn nein, was könnte dir helfen, um das Problem zu lösen?

3. Konntest du dich der Verwirklichung deiner Ziele, Vorhaben und Vision etwas nähern?

Schau dir deine Visionsseite an und ergänze sie

Wenn ja, worauf führst du dies zurück?

Wenn nicht, was, glaubst du, sind die Gründe?

Aus dem Buch „THE WAY Dein Tag Dein Leben [

4. Hat sich in deiner Zielsetzung und Vision etwas verändert?

5. Fühlst du dich im Alltag konzentrierter und präsenter als vorher?

Wenn ja, worauf führst du dies zurück

6. Gibt es eine Essenz aus den Danksagungen der letzten Wochen, eine, die zentral ist?

Dankbarkeit ist eine Liebes-
erklärung an das Leben

Die starken Wirkungen von Dankbarkeit wurden in vielen unterschiedlichen Studien internationaler Forscherteams wissenschaftlich bewiesen. Dankbarkeit wirkt! Deswegen habe ich diese essentielle Frage mit in den Tagesablauf integriert. Selbst wenn du dich in diesem Trainingstagebuch nur mit dieser einen Frage am Ende des Tages beschäftigst und alle anderen Fragen und Übungen auslässt, wirst du an dir schon bald positive Veränderungen erleben.

Wirkungen der Dankbarkeit

- mehr Optimismus
- mehr Lebensfreude
- mehr Vitalität
- bessere Fitness
- mehr Kreativität
- größere Achtsamkeit
- Steigerung des Glücksniveaus um 25%
- weniger Arztbesuche
- Festigung und Aufbau sozialer Beziehungen
- weniger körperliche Symptome wie Kopf- oder Bauchschmerzen, Schwindel oder Muskelverspannungen
- weniger Angst, Neid, Wut
- Reduzierung von posttraumatischen Stress
- Stärkung der Herzgesundheit bei Herzpatienten
- Blutdrucksenkungen bis 25% bei Hochdruckpatienten
- Teilweise Reduzierung und Absetzung von Antidepressiva bei leichte bis mittelschweren Depressionen

Wann warst du das letzte Mal wirklich dankbar und für was? Versuche dich zu erinnern. Und welches Gefühl hattest du in diesem Augenblick – körperlich, mental und emotional? Dankbarkeit ist ein entscheidender Faktor zum Glück. Dankbarkeit ist eine Liebeserklärung an das Leben. Warum ist uns das so wenig bewusst, dankbar zu sein? Ich glaube, dass ich in meinen früheren Jahrzehnten nicht wirklich dankbar war für das, was ist und war. Ich hatte oft einen Tunnelblick in meiner Aufmerksamkeit auf das Negative, mit einer Defizitbrille. Evolutionär ist das jedoch normal, wenn man Gefahr spürt. „Solange wir unseren Wunschvorstellungen anhaften, was die Welt uns schuldet, sind wir blind gegenüber den Geschenken, die wir bereits erhalten" (Gregg Krech). Die Aufarbeitung vieler Baustellen und traumatischer Erlebnisse sowie ihre Aussöhnung hat sehr viel Zeit in Anspruch genommen. Dankbarkeit war eher ein fremdes Wort für mich. Doch im Rückblick finde ich auch Schlüsselerlebnisse, in denen ich jetzt doch voller Dankbarkeit sein kann. Es tut gut, dies zu trainieren. Ich frage mich nur, wo und wie wurde und wird einer der wirkungsvollsten menschlichen Tugenden – die „Dankbarkeit"– je gelehrt? Im Kindergarten? In der Schule? Im Konfirmantenunterricht? Mit welchen Inhalten und Methoden? Ich meine nicht die Dankbarkeit, die von uns erwartet wird i.S. „Sag mal danke!" – so, wie wir es noch aus unserer Kindheit kennen. Auch nicht die als Höflichkeitsfloskel trainierte Benimmregel. Und nicht die Dankbarkeit, die durch Religionsvorschriften von oben herab gepredigt wird. Ich meine, Dankbarkeit wirklich persönlich tief zu „erfahren", zu trainieren und zu erforschen.

Wofür kannst du dankbar sein?

Es gibt so viel, für das du danken kannst. Finde es heraus. Am besten mit der Frage vor dem Schlafengehen, für was du dich an diesem Tag bedanken möchtest. Du kommst von selbst drauf. Wenn nicht, gib nicht auf! Es gab und gibt auch für mich viele Tage, an denen ich nicht danken konnte und kann. Der körperliche oder seelische Schmerz ist zu groß und überlagert alles. Die Erkenntnis, dass gerade der Schmerz auch eine dankbare Botschaft ist, ist in diesem Stadium nur sehr schwer möglich. Dann schaue ich auf das weiße unbeschriebene Feld und nehme es erst einmal so wie es ist. Auch das hat eine Wirkung! Du wirst spüren, Danken ist fast wie ein Gebet. Danken bringt dich in eine andere Sphäre von Bewusstsein und fördert die Entwicklung deiner Spiritualität. Dazu brauchst du keine Religionen und Kirchen. Alles ist in dir vorhanden.

Deine

Visionen

Ziele

Vorhaben

Du kannst dich mit diesen Fragen jetzt oder auch zu einem späteren Zeitpunkt beschäftigen. Diese Fragen helfen dir dabei, einen Überblick über dein Leben zu gewinnen, Veränderungsprozesse zu entdecken, Visionen zu schärfen und Essenzen zu erkennen.

Welche Vision vom Leben und der Zukunft hattest du mit 16 Jahren?

Welche Vision vom Leben und der Zukunft hattest du mit 21 Jahren?

Welche Vision vom Leben und der Zukunft hattest du mit 30 Jahren?

Welche Vision vom Leben und der Zukunft hattest du mit 40 Jahren?

Welche Vision vom Leben und der Zukunft hattest du mit 50 Jahren?

Welche Vision vom Leben und der Zukunft hast du jetzt?

Was fällt dir auf, wenn du diese Visionen/Ziele von früher bis heute betrachtest?

Welche bewusst gesteckten Ziele/Vorhaben hast du bisher in deinem Leben verwirklicht?

Welche bewusst gesteckten Ziele/Vorhaben hast du bisher <u>nicht</u> in deinem Leben erreicht?

Bist du mit dem Nichterreichen ausgesöhnt und in Frieden oder ärgert es dich immer noch?

Welche der unerreichten Ziele sind davon noch wichtig?

Welche Ziele hast du noch? Was möchtest du noch verwirklichen?

In welcher Phase des Lebens warst du absolut präsent im Hier und Jetzt und weniger in ständigen Vorstellungen, Konzepten und Wünschen? Und wie hast du dich dabei gefühlt?

Welche Erlebnisse / Ereignisse / Erfahrungen, die du nicht auf dem Lebensplan hattest, haben dich total überrascht?

Welche Erkenntnis hast du daraus gewonnen?

Die Hauptfrage: Warum?

Warum machst du das, was du machst?

Warum hast du diese Ziele, diese Vision?

Was ist die Kernbotschaft, der tiefere Sinn hinter allem, wofür du machst und wofür du richtig brennst?

„Was immer du tun kannst oder träumst, es zu können, fang damit an. Mut hat Genie, Kraft und Zauber inne." (Goethe)

back to the roots

Die Off-Welt

Dein

Körper

mit 9 Sinnen
ausgestattet

Dein
Ursprung

*Der Stoff,
aus dem die
Träume stammen*

*Sinn findet der,
der seine Sinne gebraucht*

Die 8 Wirkungen guter Atmung

© nach Trusheim

- Bessere Zellstofftätigkeit
- Größte innere Organmassage
- Verbesserung der Stimme
- Bessere Kommunikation mit Mensch und Umwelt
- Verbindung von Bewusstsein und Unterbewusstsein
- Verbesserung der Gefühlssteuerung
- Mentale Verbesserung
- Dynamisierung des Kreislaufs

Erfolgsfaktor
Atmung

Auszüge aus den Büchern von Bernd Trusheim

RICHTIG ATMEN GESÜNDER LEBEN
Praxis-Ratgeber sportinform
Mit praktischem Gesundheitsübungs...
Bernd Trusheim
COPRESS SPORT

ATME DICH FREI
Die zentrale Power für Körper, Geist, Seele
...führung in die Atem- und...
BERNDTRUSHEIM BREATHWORK
Gesamtwerk, 344 Seiten, 2...

THE WAY
Dein Tag Dein Leben Dein Buch
Trainingsbuch
6-Wochen-Programm
BERND TRUSHEIM

Dein
Erkenntnis- und Entwicklungs-
Tagebuch
BERND TRUSHEIM

ATEM KÖRPER BEWUSSTSEIN
Bernd Trusheim

ATME DICH FREI
10 Minuten, die verände...
BE10 Atemübung
breathing exercise „BE10"
BERNDTRUSHEIM BREATHWORK
2020 ISBN-13: 9783751932240 4,99 EUR

Bewusstes Atmen
Die Grunderfahrung der Polarität
Die Grunderfahrung von Leben

Seelische und spirituelle Entwicklung haben immer eine Verankerung im Körperlichen, speziell im bewussten Atmen. Hier macht der Mensch die Grunderfahrung mit dem Lebensgesetz der Polarität, und zwar durch Einatmung und Ausatmung. Gleichzeitig kann er diese Polarität als Rhythmus und als ein Ganzes erleben und damit die *Dualität zeitweise überwinden.* Dies ist ein zentraler Schlüssel spiritueller Entwicklung. Und in der Spiritualität steckt das Wort „*spirare*" = atmen. Es sind die In*"spirationen"*, die unsere Atmung beflügeln und unserem Leben Sinn geben.

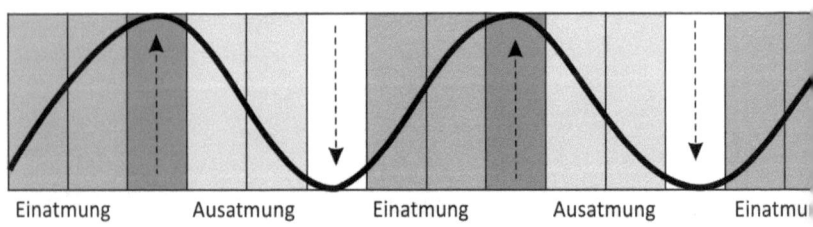

Einatmung　　　Ausatmung　　　Einatmung　　　Ausatmung　　　Einatmu

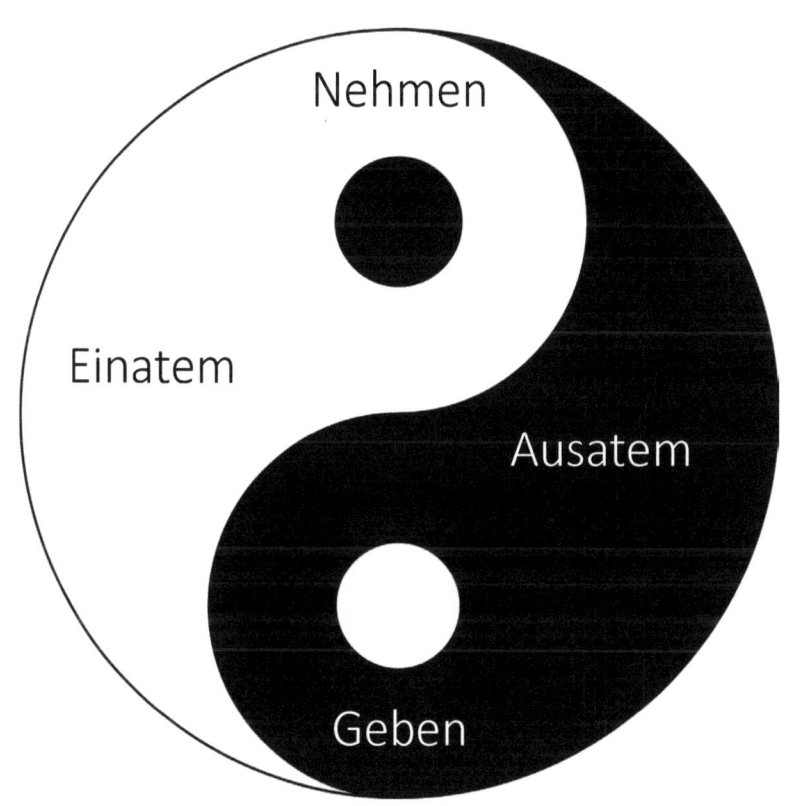

1 Bessere Sauerstoffversorgung

Der entscheidende Kick für Gesundheit, Heilung und Wohlbefinden

Der Sauerstoff ist der Zündstoff für jegliche Zellstofftätigkeit. Sauerstoff hält deine Lebensflamme am Brennen. Durch die Atmung wird das Sauerstoffversorgungssystem und der Kohlensäurespiegel reguliert, die Ionenkonzentration im Körper und damit die gesamte Stoffwechselanlage beeinflusst. Wie bei einer brennenden Kerze, der man eine Glasglocke überstülpt, erstickt auch deine Zellstofftätigkeit, wenn du zu flach und zu wenig atmest. Eine zweistündige Wanderung an frischer Luft bewirkt oft Wunder in Bezug auf deinen Stoffwechsel und deine Gedanken. In den Sommermonaten verschwinden viele Krankheiten, weil die Menschen besser und mehr atmen. Eine bessere Sauerstoffversorgung der Zellen kann sehr viele Krankheiten und auch Krebsarten heilen oder zumindest den Gesundungsprozess günstig beeinflussen, ebenso Alzheimer vorbeugen. Der deutsche Biochemiker, Arzt und Physiologe, Otto Heinrich Warburg (1883 - 1970) hat hierzu bahnbrechende Forschungen angestellt und erhielt 1931 für „die Entdeckung der Natur und der Funktion des *Atmungsferments*" den Nobelpreis für Medizin. 2019 geht der Nobelpreis für Medizin an die US-Forscher William Kaelin und Gregg Semenza und den Briten Peter Ratcliffe für ihre Untersuchung zur *Sauerstoffversorgung von Zellen*. Andere wissenschaftliche Studien aus der Weltraumforschung haben bewiesen, dass die Mitochondrien, die Kraftwerke der Zellen, sich bei tiefem Atmen schneller regenerieren, was letzten Endes verjüngend auf die einzelne Zelle wirkt und deren Arbeitsleistung günstig beeinflusst. Sauerstoff wirkt Wunder und hat reinigende Wirkungen. Ein simples Beispiel: Hänge einen schlecht riechenden Pullover, den du auf einer rauchvollen Party oder in der Küche mit Küchenausdünstungen getragen haben, zwei Tage in den frischen Wind und die Sonne. Anschließend wirst du feststellen, dass fast alle Gerüche neutralisiert wurden und der Pullover fast frisch riecht.

Dynamisierung des gesamten Kreislaufs 2

Kennst du die Redewendung „sich dem Herzen Luft machen"? Das scheint eine ungeheure Erleichterung zu sein, wenn man es denn tut. Kreislaufdynamisch hängt die At-

Aus dem Buch „ATME DICH FREI" von

mung eng mit der mit dem Körper- und Lungenkreislauf zusammen. Im *kleinen Kreislauf* – Lungenkreislauf nur im Brustkorb – wird das mit Sauerstoff angereicherte Blut von der Lunge zum Herzen transportiert und das verbrauchte Blut vom Herzen zurück zur Lunge. Im *großen Kreislauf* wird das ankommende sauerstoffreiche Blut vom Herzen über die Adern bis zu den entlegensten Körperzellen transportiert und umgekehrt das verbrauchte Blut über die Venen zurück zum Herzen transportiert. Zu hoher oder niedriger Blutdruck sowie die Vorsorge und Nachsorge von Herzerkrankungen können mit atemtherapeutischen Maßnahmen zu einem großen Anteil günstig beeinflusst werden. Das Herz im Brustraum ruht mit einem großen Teil seiner rechten Herzkammer und auch mit einem Teil seiner linken auf dem Zwerchfell. Die rechte Herzhälfte, insbesondere der ihr vorgeschaltete venöse Abschnitt des großen Kreislaufs, macht alle Zwerchfellbewegungen mit. Durch die Zwerfellabflachung beim Einatmen bewegt sich auch das Herz weiter nach unten, es wird größer und länger und kann somit mehr Blut aufnehmen. Zusätzlich fördert der erhöhte Druck im Bauchraum den Rückstrom venösen Blutes zum Herzen. Diese doppelt wirksame *Saugdruckpumpe* (Dr. Ludwig Schmitt sowie Middendorf) unterstützt die Herz-Kreislauf-

Aktivierende 3 Massage aller inneren Organe

Der wichtigste Atemmuskel – das Zwerchfell – ist dein größter und fleißigster innerer Masseur. Es sitzt genau horizontal in der Mitte des Rumpfes, nämlich zwischen Brustkorb und Bauchraum. Mit der auf- und absteigenden Bewegung dieses Muskels bei jedem Atemzug (ca. 26.000 – 28.000 mal am Tag) werden alle inneren Organe sowie Anteile deines Muskel-, Sehnen- und Bänderapparates mehr oder weniger gedrückt, verschoben und wieder gelöst. Dies wirkt wie eine innere Massage. Alle Organe erhalten bei einer effektiven Atembewegung lebenswichtige Reize zur besseren Durchblutung und Funktion. Kein anderer Masseur auf dieser Welt könnte für dich eine solche Leistung ein Leben lang erbringen. Nehmen wir z. B. die Nieren: sie werden durch die Bewegung des Zwerchfells nach unten gedrückt, senken sich bei der Einatmung ca. 1,5 cm ab und legen dieselbe Strecke bei der Ausatmung in entgegengesetzter Richtung wieder zurück. Das sind pro Atemzug ca. 3 cm. Nehmen wir die 3 cm x 25.000 Atemzyklen, so werden die Nieren um 75.000 cm oder 750 Meter pro Tag bewegt. Kannst du dir nun vorstellen, wie auch alle anderen Bauchorgane durch die

die Atembewegung entsprechend massiert werden und so lebenswichtige Reize empfangen? Das Zwerchfell ähnelt im Aussehen einer Quelle, die in der Mitte deines Körpers entspringt. Siehe S. 19.

4 Verbesserung emotionaler Impulswahrnehmung und Prozesse

Hast du schon einmal bemerkt, wie verschiedenartig du atmest, je nachdem in welcher Stimmung du gerade bist – ob angespannt, deprimiert oder voller Unternehmungslust? Die Häufigkeit, die Tiefe und das Tempo deiner Atemzüge verändern sich mit der Stimmung. Doch das funktioniert auch umgekehrt: Mit bewusstem Atmen kannst du deine Stimmung und deinen Energiezustand steuern. Je nachdem, wie tief du atmest, steht deinem Körper viel oder wenig Sauerstoff zur Verfügung – und das hat Einfluss darauf, wie du dich fühlst. Physiologisch eng miteinander verbunden sind der größte Atemmuskel, das Zwerchfell, und das Herz. Das Herz liegt links zur Mitte hin auf dem Zwerchfell, das Zwerchfell stützt das Herz. Aus der Beobachtung des Atemrhythmus, der Atemtiefe und der Lage der Atembewegungen lassen sich Rückschlüsse

auf die Gefühls- und Charakterstrukturen eines Menschen ziehen. Zur Bedeutung der Atemrhythmen siehe auch Kapitel „In Rhythmus bleiben". Ein Mensch der ständig „in Atem gehalten" ist, unterscheidet sich von demjenigen, der „einen langen Atem" hat. Bei unterdrückten Gefühlen wirst du wahrscheinlich eher die Luft anhalten, im Atem gehalten sein oder nur sehr flach atmen. Dies wird auf die Dauer zu größeren Problemen führen. Ausgedrückte Gefühle wie z. B. Lachen, Weinen oder auch Singen trainieren automatisch eine gute Ausatmung. Du kannst anschließend wieder sehr viel besser und effektiver „aufatmen" und richtig „durchatmen". Ein großer Teil von Stress- und Burn-out-Krankheiten beruht auf Ausatemstörungen. *Wenn du tiefer und länger ausatmest, dich damit von Dingen befreist und entleerst, kannst du aus der Leere heraus sehr viel mehr und besser einatmen, dich wieder von neuen Dingen „inspirieren" (lat. inspirar = einatmen) lassen – sowohl physiologisch als auch seelisch. Eine zweite ganz wesentliche Tatsache ist, dass unser Geruchssinn eng mit dem limbischen System und damit unseren Emotionen verbunden ist.* Mehr dazu weiter unten unter „Verbesserung der mentalen Fähigkeiten".

Aus dem Buch „ATME DICH FREI" von

Verbesserung von Stimme und Sprache 5

An der Stimme eines Menschen erkennst du meist sofort, in welcher „Stimmung" sie/er sich befindet und wie sie/er atmet. Am besten funktioniert das, wenn man nur die Stimme alleine hört, wie z. B. bei einem Telefonat. Wie stark die Stimme mit der Persönlichkeit verbunden ist, findet sich in dem Wort „Persona". Es kommt aus dem Lateinischen „personare" = „durchtönen". Die Atmung und Stimme sind absolut eng miteinander verbunden. Deswegen ist eine vollständige richtige Atmungsweise Grundvoraussetzung für gutes Sprechen und Singen. Beim Sprechen vollzieht das Zwerchfell einen vielfältigen stürmischen Wechsel in seinen Muskelanspannungen und stellt sich dabei auch gleichzeitig auf die Bewegungsabläufe an den Stimmbändern ein. Es regelt die Luftabgabe beim Sprechen, wirkt bei der Gestaltung der Tongebung, Tonhöhe, Tonstärke und Melodie mit. Andererseits wird gerade durch die Pflege der Sprache und des Gesangs das Zwerchfell ausgebildet. Der ökonomische Luftverbrauch spielt bei Atem- und Stimmgebung eine besondere Rolle. So ist die Qualität eines Tones nicht so sehr abhängig von großer Menge Atemluft, sondern vielmehr dadass die vorhandene Luft optimal in Schwingung versetzt wird. Einer Lerche, ein ganz kleiner Vogel, reicht eine winzige Menge Luft im Brustkorb sogar während des Fluges noch aus, um ihre Stimme weit oben in der Luft erschallen zu lassen.

Atmung als Brücke zwischen Bewusstsein und Unterbewusstsein 6

Das Ziel vieler Methoden und Forschungen zur Persönlichkeitsentwicklung des Menschen besteht darin, *die versteckten unbewussten Potenziale des Menschen sowie seine kreativen Ressourcen zu entdecken und sinnvoll zu fördern.* Die Intuition, das Wissen, das sich aus jahrtausendealter Erfahrung des Menschen speichert, rückt immer mehr in den Mittelpunkt der Forschung. Die Atmung könnte hier eine Schlüsselrolle spielen. Denn sie wird von zwei verschiedenen Nervensystemen gesteuert. Vorwiegend über das Vegetative Nervensystem oder auch als Autonomes Nervensystem bezeichnet, welches die gesamte Tätigkeit der Organe steuert. Aber gleichzeitig kann es auch von dem Zentralen Nervensystem geleitet werden, welches für unsere bewusste Motorik zuständig ist. Das bedeutet, du kannst deine Atmung zum Teil willentlich steuern, z. B. durch Luft anhalten, verschiedene Atemtechniken etc. Gleichzeitig kannst du bewusst erleben, wie deine Atmung von selbst geschieht, *d.h. du kannst spüren, wie „es" atmet.* Dies ist einmalig. Und dies gibt es bei keiner anderen Organfunktion. Mit deinem Herzen gelingt das nicht. Das kannst du nicht willentlich anhalten. Es wäre auch lebensgefährlich. Die Atmung ist die größte ununterbrochene Bewegung in deinem Organismus. Tag und Nacht. Wenn du einen besseren Zugang zu deiner Atmung bekommst, spürst du, was sich da bewegt. Du erhältst Einblick in das „ES". Denn ES atmet, ob du nun daran denkst oder nicht, solange du lebst. In der Atemlehre nach Middendorf, im BAT (Basisatemtraining) und BEAP nach Trusheim, im MBSR (mindfull based stress relaxion), Sensory Awareness, Zen, Vipassana-Yoga und ähnlichen Lehren wird diese Bewusstheit für Atemvorgänge trainiert. Die Atmung bildet somit die Brücke zwischen Bewusstem und Unbewusstem, zwischen Innen und Außen, zwischen Kopf und Bauch. Im „BEAP – Bewusstseinserweiternder Atemprozess" wird dies genutzt, um gezielt Denkprozesse zu verbessern, sich zu „besinnen", neue kreative Ressourcen zu entdecken und zu nutzen.

7 Verbesserung der mentalen Fähigkeiten

Für alle (bio)chemischen Hirnreaktionen *benötigt das Gehirn* alleine etwa *20% des gesamten vom Organismus aufgenommenen Sauerstoffs*, obwohl es nur ein Fünfzigstel des Körpergewichts ausmacht. Wenn du dich wie „benebelt" fühlst oder „Dinge einfach nicht auf die Reihe bekommst", liegt das nicht selten an einer eingeschränkten und ineffektiven Atmungsweise und möglicherweise auch an schlechter Luft. *Unsere Hirntätigkeit reagiert auf Sauerstoffmangel sehr empfindlich.* Einige Minuten ohne Sauerstoff lassen zuerst die Hirnfunktionen absterben und können dann schlimmstenfalls zu einer körperlichen oder geistigen Behinderung führen. Über die Atemwege selbst wird das Gehirn teilweise direkt berührt und angeregt. Am höchsten Punkt des Atemweges, nämlich am Ende des oberen Nasengangs, sind die austretenden *Riechnerven, der* Riechkolben zu finden. *Dort erkennen 25 Millionen Riechzellen bis zu 10.000 Düfte. 80% unseres Geschmacks werden hierüber gebildet.* Intensives Riechen fördert die Atemspannung und Atemkonzentration. Siehe auch „Einen guten Riecher haben". Dicht

Aus dem Buch „ATME DICH FREI" von

über dem Riechkolben liegt der vordere Stirnlappen mit den Regionen für motorisches Sprachzentrum, Gedächtnis, Bewusstsein, Verhalten und Emotion. Inzwischen hat die Forschung gezeigt, dass die dem Riechen zugrundeliegenden neuronalen Strukturen nicht als Zentrum ausgebildet sind, sondern dass Nervenzellverbände auf verschiedenen Ebenen der Gehirnorganisation zu den Verarbeitungs- und Wahrnehmungsleistungen des Geruchssinns beitragen. *Der Geruchssinn ist der komplexeste chemische Sinn. Er ist evolutionär betrachtet eine höchst bedeutsame Informationsquelle.* Das zeigt sich noch heute, denn der Riechsinn ist etwas Besonderes: Im Gegensatz zu allen anderen Sinneseindrücken gelangen die Geruchsinformationen von der Nase direkt zur Hirnrinde, ohne zuvor im Thalamus umgeschaltet worden zu sein. Wird dieser Sinn durch besseres Atmen aktiviert oder umgekehrt, hat das positiven Einfluss auf unser Bewusstsein. *Ein „guter Riecher" ist gleichzeitig ein guter „Spürsinn".* Dieser wichtige, zunehmend degenerierte Lebenssinn registriert und kontrolliert nicht nur die feinsten stofflichen Veränderungen in der Atemluft, sondern *schult auch die intuitiven Fähigkeiten.* Wenn du „jemanden gut riechen kannst" oder dir „eine Sache stinkt", dann hat

dies ganzheitliche Auswirkungen auf deine Sinneswahrnehmung, Emotionen und Erkenntnis. Menschen, die „einen guten Riecher" haben, sind meistens mental sehr fit und anderen „um eine Nasenlänge" voraus. Gezielte Atemübungen für den Hals-, Nasen- und Kopfbereich können Wachheits-, Aufmerksamkeits- und Denkantrieb verbessern. Ebenso ist das Trainieren unseres Riechsinnes von beachtlicher Wirkung. Tipp: Wenn du heute oder morgen Essen kochst, dann beschnupper ganz intensiv jede einzelne Zutat, jedes Lebensmittel. Riechen hat mit Schmecken zu tun. Je besser du riechst, desto intensiver schmeckst du. Und je besser du deine Nahrung lange genug im Mund zerkaust, desto mehr Moleküle werden aufgeschlüsselt, um sie dann riechen zu können. Riechen bildet Geschmack! Wenn sich Menschen nicht riechen können, dann ist dies das ehrlichste Signal zu handeln. Denn der Körpergeruch ist Natur pur – er ist nicht verstellbar. Es gibt einen olfaktorischen Fingerabdruck jedes Menschen. Paartherapeuten berichten, dass in solchen Fällen keine Therapie der Welt hilft dies zusammenzuhalten. Denn da passt etwas genetisch nicht zusammen. Viele Gerüche liegen unterhalb unserer Wahrnehmung und sind uns nicht bewusst. Forschungen, wie Mann und Frau auf Pheromone reagieren. Dies sind organische Moleküle, die evolutionär betrachtet der instinktiven Kommunikation zwischen Lebewesen dienen und durch die Nase aufgenommen werden. Die Duftstoffindustrie weiß dies erfolgreich zu nutzen, um dich in vielen Kaufhäusern, Läden, sogar auch auf manchen Flugplätzen zu manipulieren. In der medizinischen Forschung entdeckt man zunehmend den Geruchssinn für diagnostische Verfahren. So können Hunde bestimmte Erkrankungen, auch verschiedene Krebsarten, bei Menschen riechen. Das bedeutet für die Diagnostik eine ungeheure Ergänzung. Die Forschung steht hier noch am Anfang, ist aber revolutionär! Es gelingt zunehmend, die Duftmoleküle zu entschlüsseln und zuzuordnen. Und diese Diagnostik ist sehr viel effizienter, schneller, schonender und v.a. kostensparender.

8 Verbesserung Kommunikation von Mensch und Erde

Die Lunge ist das zweitgrößte Kommunikationsorgan des Menschen (Größe eines Tennisfeldes für Einzel), nur der Darm hat eine noch größere Oberfläche.

Im rhythmischen Wechselspiel von Einatmen und Ausatmen, Nehmen und Geben erfolgt ein ständiger Austausch von O_2-Aufnahme sowie CO_2-Abgabe. Jährlich bewegen wir über vier Millionen Liter Luft in uns hinein und hinaus. Würden wir diese Luft farblich sichtbar machen, könnten wir noch deutlicher die Intensität unserer Beziehung zu Menschen und zur Natur, insbesondere der „Atmosphäre" erkennen. Wir teilen die Luft miteinander. In Räumen wird das besonders spürbar. Und wenn es „dicke Luft" gibt, müssen wir Luft von draußen hereinlassen. Eine „gute Atmosphäre"oder „schlechte Atmosphäre" bezeichnet immer auch eine Stimmung und Schwingung. In der Vorbereitung für wichtige Gespräche und Verhandlungen geht es nicht nur um das äußere Raumklima, gute Luft und guten Geruch, sondern auch um die Gestaltung eines einladenden Frei- und Spielraums für alle Beteiligten, respektvoll und lebendig zu kommunizieren. Eine gute Kommunikation braucht ein ausgewogenes Verhältnis von Geben und Nehmen, Sprechen und Zuhören sowie kleine Pausen der Besinnung und Verarbeitung.

Wenn du sehr dicht an den Gedanken und Gefühlen eines anderen Menschen teilhast, übernimmst du meist automatisch

Aus dem Buch „ATME DICH FREI" von

unbewusst dessen Atemrhythmus. Man bezeichnet dies als „psychorespiratorischen Effekt". So sind z. B. Weinen, Lachen, Gähnen sehr ansteckend. Es bewegt uns innerlich. Das zeichnet uns als soziale mitfühlende Wesen aus. Doch wenn du eine ganze Weile den Atemrhythmus eines Asthmatikers oder schwer depressiven Menschen mitatmest, so leidest du mit. Dies ist aber in einem helfenden und beratenden Job sehr kontraproduktiv. **Ein Tipp:** Immer wenn du es mit Menschen zu tun hast, mit denen du anscheinend nicht weiterkommst, verstrickt bist und das Gefühl hast, dir wird Energie abgezogen, achte verstärkt und bewusst auf deine eigene Atemweise. Nimm dir innerlich einige Augenblicke, dich zu erden. Spüre zu den Bereichen des Körpers, die unmittelbar Kontakt zum Boden oder Stuhl haben. Deine Füße auf dem Boden, dein Rücken an der Lehne, deine Arme evtl. auf dem Tisch u.ä.. Atme dann tief durch und anschließend 1 - 3 Minuten einen anderen Atemrhythmus als die betreffende Person. Diese kleine Konzentrationsübung wird den Gesprächsverlauf und dein Befinden positiv beeinflussen. Deine Energie ist wieder spürbar. Entscheidend ist immer, ob du dir deines Raumes und deiner Umgebung bewusst bist. Wenn du jetzt für einen Augenblick mit geschlossenen Augen in den Raum, in die Atmosphäre hineinspürst, den du tatsächlich hast, der freie Raum hinter, vor, über, links und rechts neben dir – die Luft, die dich umgibt – dann wirst du automatisch sehr viel tiefer ein- und ausatmen. Du spürt dich tiefer in Kontakt mit dem Raum, der Erdatmosphäre. Damit gewinnst du eine andere Gelassenheit, Präsenz und tiefes Vertrauen. Bei einer langen Wanderung in schöner Natur passiert das automatisch: Atem- und Bewegungsabläufe synchronisieren sich. Du findest in einen harmonisierenden Rhythmus und fühlst dich wieder mit allem verbunden.

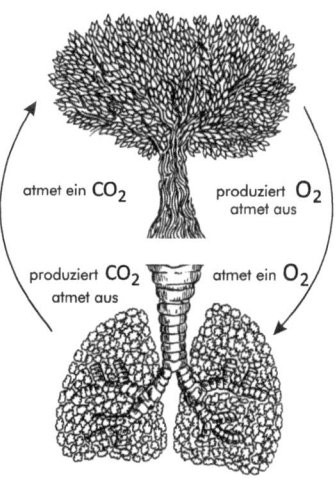

atmet ein CO_2 produziert O_2
atmet aus

produziert CO_2 atmet ein O_2
atmet aus

Die Steuerzentrale der Atmung

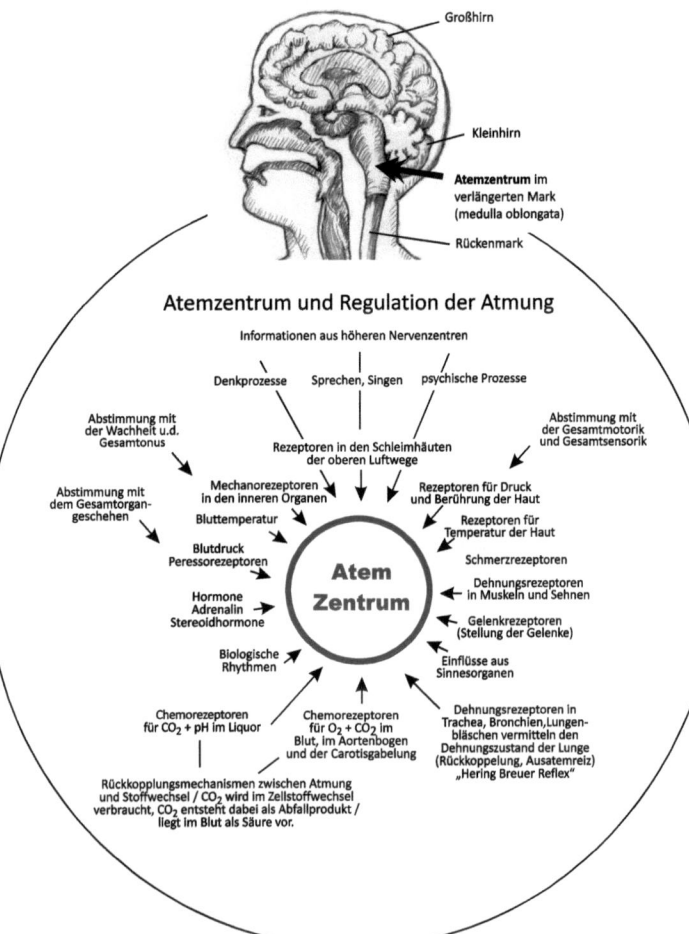

Großhirn

Kleinhirn

**Atemzentrum im
verlängerten Mark
(medulla oblongata)**

Rückenmark

Atemzentrum und Regulation der Atmung

Informationen aus höheren Nervenzentren

Denkprozesse   Sprechen, Singen   psychische Prozesse

Abstimmung mit
der Wachheit u.d.
Gesamtonus

Abstimmung mit
der Gesamtmotorik
und Gesamtsensorik

Rezeptoren in den Schleimhäuten
der oberen Luftwege

Abstimmung mit
dem Gesamtorgan-
geschehen

Mechanorezeptoren
in den inneren Organen

Rezeptoren für Druck
und Berührung der Haut

Bluttemperatur

Rezeptoren für
Temperatur der Haut

Blutdruck
Peressorezeptoren

Schmerzrezeptoren

Hormone
Adrenalin
Stereoidhormone

Dehnungsrezeptoren
in Muskeln und Sehnen

Atem Zentrum

Gelenkrezeptoren
(Stellung der Gelenke)

Biologische
Rhythmen

Einflüsse aus
Sinnesorganen

Chemorezeptoren
für CO_2 + pH im Liquor

Chemorezeptoren
für O_2 + CO_2 im
Blut, im Aortenbogen
und der Carotisgabelung

Dehnungsrezeptoren in
Trachea, Bronchien, Lungen-
bläschen vermitteln den
Dehnungszustand der Lunge
(Rückkoppelung, Ausatemreiz)
„Hering Breuer Reflex"

Rückkopplungsmechanismen zwischen Atmung
und Stoffwechsel / CO_2 wird im Zellstoffwechsel
verbraucht, CO_2 entsteht dabei als Abfallprodukt /
liegt im Blut als Säure vor.

Anzahl der Lungenbläschen	**30 000 000**
Oberfläche der Lunge	80 - 120 qm / Größe von Tennisfeld Einzel
100 km Kapillaren verzweigen sich um die Lungenbläschen	Durch dieses fragile Röhrensystem rauschen etwa 7000 Liter Blut täglich - nehmen dort Sauerstoff auf und geben Kohlendioxyd ab.
Zusammensetzung der Atemluft Einatemluft	**21 % Sauerstoff,** 78 % Stickstoff, 0,97 % Edelgase (Argon und andere), 0,03 % Kohlendioxid
Ausatemluft	**16 % Sauerstoff,** 4 % Kohlendioxid, 78 % Stickstoff, 2 % Edelgase
Sauerstoffaufnahme	**4 %,** 7 % bei Hochleistungssportler, Bergvölker in den Anden und Himalaya haben sich in den Höhen mit nur 3% Sauerstoffverbrauch gut angepasst.
Atemzüge pro Minute Neugeborene beim Erwachsenen in Ruhe bei tiefer Entspannung (z. B. Autogenes Training, Zen-Meditation, Yoga)	35 - 50 **14 - 20** 6 - 10
Atemzüge am Tage / Jahr	24 000 - 26 000 / pro Jahr ca. 9 Millionen
Luftvolumen pro Atemzug	**0,5 Liter**
Zusätzliches Luftvolumen Vitalkapazität	**1,5 - 2 Liter** bei stärkster Ein- und Ausatmung. Maßstab für körperliches Leistungsvermögen; ist unabhängig von Geschlecht, Veranlagung und körperlicher Tätigkeit
Sportler können über eine Vitalkapazität von 5 - 6 Litern verfügen!	
Restvolumen	Bei stärkster Ausatmung bleiben noch 1,2 Liter in den Lungen zurück
Luftverbrauch pro Minute	8 Liter, 80 Liter bei schnellem Jogging, bis zu 140 Liter bei einem Wettkampfruderer
Luftverbrauch pro Tag	12 000 Liter
Luftverbrauch pro Jahr Liter/ Kubikmeter	Ca. 4,5 Millionen Liter Luft / ca. 4.500 Kubikmeter Das **Volumen eines mittelgroßen Heißluftballons**
Schadstoffausscheidung des Körpers über Atem über Haut über Harn über Stuhl (Verdauung)	**70 %** 20 % 7 % 3 %
Verbesserung der Atmung um nur 10 %	Dann atmest du jedes Jahr **450 000 Liter mehr Luft** ein und aus.
Die Meere erzeugen 75% des Sauerstoffs	90 Prozent aller Algen der Ozeane kommen als pflanzliches Plankton vor (zum Beispiel Kieselalgen). Tag für Tag stellen zig Millionen dieser Kleinstlebewesen den größten Teil des auf der Erde verfügbaren Sauerstoffs her.
10 Liter Sauerstoff	**produziert ein durchschnittlicher Laubbaum pro Stunde** – so viel, wie etwa 15-20 Menschen in der gleichen Zeit aufnehmen.

Bewusst atmen
Der Schlüssel zur
Gegenwartserfahrung

In allen Konzentrations-, Entspannungs-, Achtsamkeits-
und Meditationstechniken spielt die Atmung, das bewusste Atmen, eine zentrale Rolle. Das bewusste Atmen bringt
unmittelbar in das „Hier und Jetzt", in die Gegenwart. Es
unterbricht die ständig kreisenden Gedanken, die alten
neuronalen Muster. Das Ergebnis: Klarheit, Ruhe, neue
Kraft und Kreativität.

Atem Bewusstsein Entwicklung

Atem ist Leben, Atem ist ein Fluss, ein Fließen. „Panta rhei" (Heraklit) – alles fließt. Dies ist körperlich und spirituell erfahrbar. In diesen Augenblicken sind dein Fühlen, dein Wollen und dein Denken in Übereinstimmung. Wenn du das Fließen des Atems wahrnimmst, entdeckst du: „ES" atmet im Rhythmus von Ein- und Ausatmen. Das Erleben und Anerkennen einer Kraft oder höheren Intelligenz, die durch alles hindurch wirkt, eine zentrale Kernerfahrung vieler Meditationsweisen. Auch im BEAP, dem bewusstseinserweiternden Atemprozess *(Buch und CD in Arbeit 2022),* kannst du ähnliche Erfahrungen machen.

Die bewusste Atemweise ist ein Weg der Selbstveränderung durch wertfreie Selbstbeobachtung. Der Schwerpunkt liegt auf der engen Wechselbeziehung zwischen Körper und Geist, die durch eine auf die körperlichen Empfindungen gerichtete und trainierte Achtsamkeit direkt erfahren werden kann. Diese Empfindungen bestimmen das Leben des Körpers, beeinflussen einander im ständigen Wechselspiel und konditionieren den Geist. Es ist eine selbsterforschende Reise zu dem gemeinsamen Ursprung von Geist und Körper. Die Naturgesetze, die unser Denken, unsere Gefühle, unsere Urteile und Empfindungen steuern, werden klar. In der direkten Erfahrung versteht man, wie man Fortschritte macht und wann man wieder zurückfällt, wie man Leiden schafft oder sich davon befreit. Diese Reise führt zu einem ausgeglichenen Geist voller Liebe und Mitgefühl.

übungen

Dehn dich aus
1 Minute lang

Rekel und dehn dich jetzt genüsslich in den Raum. Fang an, deine Finger zu spreizen, die Arme in den Raum zu strecken, zur Seite, nach unten, nach oben in den Raum hinein. Stehe auf und strecke deine Füße, deine Beine in den Raum. Dehne deine Fußgelenke, strecke und dehne deinen gesamten Körper über die Wirbelsäule in den Raum hinein. Wenn du tief gähnen musst, gähne. Öffne deinen Mund, so weit es irgendwie geht, und spüre, wie tief du jetzt automatisch atmen musst. Super!

Aus dem Buch „THE WAY Dein Tag Dein Leben

Wirkungen des Dehnens und Sich-Streckens:

- Reflektorische Vertiefung der Ein- und Ausatmung
- Aktivierung des Gamma-Nervensystems, das den Spannungsgrad in den Muskeln misst und neu einstellt – in eine gute Bereitschaftsspannung = Eutonus
- Lockerung der Skelettmuskulatur sowie Kiefer- und Mundverspannung
- Verbesserung der Elastizität der Muskeln, Sehnen, Bänder, des Gewebes
- Erhöhung des Stimmvolumens und der Resonanz
- Abbau von Ängsten und körperlichen Verkrampfungen
- Reduzierung von psychischem Stress
- Dynamisierung des Kreislaufs
- Unterbrechung des Gedankenkarussells – Ankerung im Hier und Jetzt

Atem- und Bodyscan 1 - 2 Minuten

Spüre in deinen Körper hinein! Es ist der wichtigste Schritt zur Körperbewusstheit! Die stille Konzentration auf die körperlichen Vorgänge und Empfindungen vor und nach einer Übung ermöglicht dir, die tiefen „Wirkungen" wirklich zu „erfahren". Hiermit trainierst du dein Empfindungsbewusstsein, die Tiefensensibilität. *Erst wenn du entdeckst, wie etwas wirklich in deinem Körper „nach"-„wirkt", entsteht das sogenannte Bewusstsein für deinen Körper.* Gleichzeitig hat dies eine tiefe entspannende und meditative Wirkung. Deine Gedanken kommen zur Ruhe, du verankerst dich im Hier und Jetzt. Nach jeder Übung ruhe aus. Du spürst entweder im aufrechten Sitzen oder im geraden Liegen auf einer Yoga- oder Isomatte in deinen Körper hinein. Hier geht es nicht um Emotionen, sondern um die wertfreie Wahrnehmung von sinnlichen Empfindungen.

Du scannst etwas ab, so, wie es gerade ist – wie ein Bild auf einem Scanner. Dies bedeutet, deine Gedanken und Gedankenmuster bewerten nicht, wie es sein sollte oder sein könnte oder müsste. Vielleicht spürst du am Anfang noch gar nichts oder nur wenig oder nur Schmerz. Das ist aber normal, wenn du dies erstmals übst. Mit jedem kontinuierlichen Üben machst du neue Entdeckungen. Nimm dir zu Beginn ein paar mehr Minuten Zeit als oben angegeben.

→ Der wichtigste Schritt zu Körperbewusstsein und Impulskontrolle

Die Wirkungen des Atem- und Bodyscan

- Entspannung/Beruhigung der Atmung

- Psychovegetative Entspannung

- Verbesserung der Tiefensensibilität

- Bessere Durchblutung gezielter Körperbereiche, Organe, Muskel-
und Knochensysteme

- Körperbewusstsein und Impulswahrnehmung: Signale und Alarmsignale
werden schneller erspürt und erkannt, die Sprache des Körpers ver-
standen und entsprechend ausgleichend reagiert

- Verbesserung der Konzentration durch Unterbrechung des Gedanken-
karusells. Andere Hirnareale werden aktiviert.

- Entschleunigung

- Stärkung des Immunsystems

Aus dem Buch „THE WAY Dein Tag Dein Leben Dein Buch" von Bernd Trusheim www.berndtrusheim.de

Meditation in Stille

Lass deine Gedanken zur Ruhe kommen. Dies ist die wichtigste und größte Lebenskunst und Botschaft dieses Buches. Wie oft fahren wir uns täglich fest in unseren Gedanken, der Kopf raucht und wir kommen nicht wirklich zur Ruhe. Unsere Gedanken tricksen uns immer wieder aus, weil wir immer die selben neuronalen alten Autobahnen und Muster benutzen. Können wir anders denken, als wir denken? Ja! Aber das erfordert Training. Hier möchte ich nur eine einzige tiefe und wirksame Übung aus der Praxis des Zen-Buddhismus erwähnen: Das ZaZen – das Sitzen in Stille. Es kann sein, dass du durch die Praxis dieser Übung gar keine andere Übung mehr machen und dieses Buch ganz zuklappen möchtest. Herzlichen Glückwunsch!

Wirkungen der Meditation:

- Vertiefung und Stabilisierung der Atmung
- Verbesserung der Konzentration
- Verbesserung der Präsenz
- Verbesserung der mentalen Leistung und Belastbarkeit
- Verbesserung der Körperwahrnehmung und Körperpräsenz
- Optimierung des Atmungs- und Herzkreislaufes
- Verbesserung der emotionalen Intelligenz
- Förderung der Selbstverantwortung und Selbststeuerung
- Aufbau von Selbstvertrauen
- Entwicklung von Resilienz
- Entwicklung von mehr Mitgefühl zu sich selbst und anderen
- Auflösung von langwierigen Dramaturgien
- Erleben und genießen persönlicher All-Eins-Erfahrungen, unabhängig von Religionen und Dogmen
- Aufgehobensein – Teil eines Ganzen zu sein

Sitzen in Stille mit Atemübung

Dauer: zunächst nur 5- 15 Minuten

Hilfsmittel: Meditationskissen oder Meditationshocker. Du kannst diese Übung je nach deinen körperlichen Fähigkeiten und Möglichkeiten oder Einschränkungen im Halblotussitz, Lotussitz, im Fersensitz oder auf einem Stuhl/Hocker machen. Der Raum sollte in deinem Sichtfeld aufgeräumt sein und beruhigend wirken.

Setz dich aufrecht hin. „Finde zu deiner Größe! Richte dich auf und nicht ab!" Wenn du deinen Platz und Aufrichtung gefunden haben, verbeuge dich kurz als Zeichen der Sammlung und des Starts. Im Zen ist es das Gasho – die Verbeugung vor dem großen Ganzen. Halte deine Augen nur ein wenig offen, so dass die Augenlider sehr entspannt sind. Schau vor dich ca. 1,5- 2 Meter auf den Boden. Finde auch für die Arme und Hände eine Meditationsposition (siehe Bilder). Konzentriere dich nun auf deinen Atem. Beobachte für einen Moment deine Atmung, ohne sie zu bewerten. Dann beginnst du, deine Atemzüge mit einem Zählen bis 10 zu begleiten. Amte möglichst immer nur durch die Nase ein und aus. Im Einatem auf 1, im Ausatem auf 2, im nächsten Einatem auf 3, nächster Ausatem auf 4 ..... jeweils bis 10. Wenn du bei 10 angelangt sind, beginne wieder auf 1. Ziel dieser Übung ist, sich ausschließlich auf das Atmen zu konzentrieren und damit die Gedanken zur Ruhe zu bringen. Du wirst in Kürze feststellen, wie du immer wieder abdriftest, wie immer wieder neue Gedanken in dieser Ruhe laut werden und versuchen, sich in die Übung zu drängen und dich abzulenken. Das ist vollkommen normal. Gib nicht auf. Wenn du 5- 10 Sekunden anfangs ohne andere Gedanken einfach nur atmen, ist das schon eine enorme Leistung! Für viele Übenden ist es zunächst einmal erschreckend zu entdecken, wie viele Gedanken ständig da sind und welches Spektakel sie veranstalten. Sei nett zu diesen. Beobachte diese kurz und dann wechsle wieder zur Atemübung mit Zählen. Damit erforschst du deinen Geist und erhältst eines der wirksamsten Mittel überhaupt, diesen zu zähmen und zu trainieren.

Je nach Situation, Stimmung, Zeit und Lust kannst du die Meditationsübung bis zu 20 Minuten ausdehnen – eine Intensiverfahrung und Lernprozess!

Aus dem Buch „THE WAY Dein Tag Dein Leben Dein Buch" von Bernd Trusheim www.berndtrusheim.de

Atemübung

Variation und Intensivierung der Meditationsübung

Atme durch die Nase ein. Spüre, wie die Luft durch die beiden Nasengänge nach innen strömt. Anschließend atme durch den Mund durch leicht geschlossene Lippen sanft mit langem hörbaren „bfffffffffff" aus, so, wie ein Raucher, der genußvoll den Rauch in einen sichtbaren feinen Strom formt.

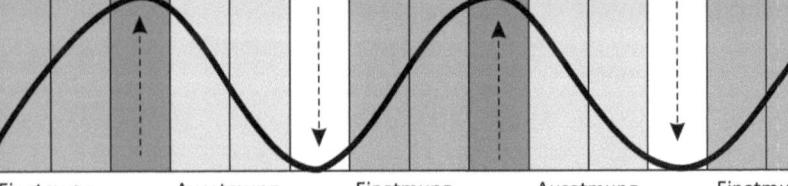

| Einatmung | Ausatmung | Einatmung | Ausatmung | Einatmun |

Aus dem Buch „THE WAY Dein Tag Dein Leben

„ES ATMET"

Den Atem nur beobachten. Spüre, wie der Atem von selbst kommt und wieder geht. Die Atmung ist eine autonome Funktion. Warte und horche nach der Ausatmung in dich hinein, wann der Impuls von innen kommt, wieder einzuatmen. Und wenn du eingeatmet bist, wann der Impuls kommt, auszuatmen. Alles geschieht ohne dein Zutun von selbst. Das ist das Geheimnis tiefer Atem- und Rhythmuserfahrung.

Jede Übung 2-3 Minuten lang machen

Lachen

Das beste und gesündeste Atemtraining

oder

1- 2 Minuten

Hecheln

Jeder Tag, an dem du nicht lächelst, ist ein verlorener Tag.
Charlie Chaplin

Lachen baut Stress ab.

Lachen wirkt sympathisch.

Ein lachender Mensch wird als attraktiver wahrgenommen als einer mit ernster Miene.

Der Körper schüttet beim Lachen Glückshormone aus. Die ausgeschütteten Endorphine wirken entzündungshemmend und schmerzstillend.

Lachen regt die Verdauung, den Stoffwechsel an.

Mehrere Studien kamen zum Ergebnis, dass es bei Menschen, die häufig lachen, seltener zu einem Herzinfarkt und zu Depressionen kommt.

Lachen baut Spannungen und Hemmungen ab und bricht das Eis.

Regelmäßiges Lachen stärkt das Immunsystem.

Eine Minute Lachen soll allgemein positiv auf die Gesundheit wirken wie 10 Minuten Joggen oder 45 Minuten Meditation.

Lachen erhöht den Sauerstoffaustausch im Gehirn und steigert dadurch die Konzentrationsfähigkeit.

Lachen entspannt und steigert das Wohlbefinden.

Lachen schafft Nähe zu Menschen.

Beim Lachen oder auch nur beim Lächeln drückt der Gesichtsmuskel zwischen Wange und Auge genau auf den Nerv, der unserem Gehirn eine fröhliche Stimmung signalisiert. Das tut ungemein gut.

Deshalb: Unabhängig davon, ob es einen Grund zu lächeln gibt oder nicht – auch ein gekünsteltes Lächeln (mind. eine Minute!) hat die gleiche positive Wirkung. Es mag dir vielleicht seltsam anmuten, wenn du eine Minute grinst, aber dadurch deine Stimmung hebst und du entspannst.

Kontrolle Körperübungen

Welche Übung

Bitte wähle für diesen Tag 1 oder 2 Körperbungen aus.

Mein Befinden nach Beendigung der Übung:

Morgens

Uhrzeit .... Dauer...........

Wirkungen

	1	2	3	4	5	5,5	6	7	8	9	10	
körperlich	1	2	3	4	5	5,5	6	7	8	9	10	....
emotional	1	2	3	4	5	5,5	6	7	8	9	10	....
mental	1	2	3	4	5	5,5	6	7	8	9	10	....

Durchschnittswert: ....

Mittags

Uhrzeit .... Dauer...........

Wirkungen

	1	2	3	4	5	5,5	6	7	8	9	10	
körperlich	1	2	3	4	5	5,5	6	7	8	9	10	....
emotional	1	2	3	4	5	5,5	6	7	8	9	10	....
mental	1	2	3	4	5	5,5	6	7	8	9	10	....

Durchschnittswert: ....

Abends

Uhrzeit .... Dauer........... Übung Nr. ....

Wirkungen

	1	2	3	4	5	5,5	6	7	8	9	10	
körperlich	1	2	3	4	5	5,5	6	7	8	9	10	....
emotional	1	2	3	4	5	5,5	6	7	8	9	10	....
mental	1	2	3	4	5	5,5	6	7	8	9	10	....

Durchschnittswert: ....

Tagesdurchschnittswert

Weitere Option: Falls du noch differenzieren willst

Tagesdurchschnitt

körperlich

emotional

mental

Mein Körper hat immer eine Antwort. Er weiß, was notwendig ist.
Was sagt mir mein Körper heute. Ich schließe für einen Moment die
Augen. Ich spüre noch einmal hinein. Welche Anregung oder Ent-
spannung und heutige Nahrung würde meinem Body jetzt gut tun.

Was habe ich aus den heutigen Erfahrungen gelernt? Essenz:

Gesamtzeit meiner Übungen hier in Minuten

Keine Meinung. Die Übungen habe ich heute nicht gemacht.

Das Vorwort hier als Nachwort:

Warum ich dieses Buch geschrieben habe

Ich habe es zunächst für mich selbst geschrieben. Für mich selbst, um mehr Besinnung, Klarheit und Orientierung in meinem Alltag, in dieser verrückten Zeit, aber auch in meinem Leben zu finden. Bereits 2018 hatte ich ein ähnliches Buchprojekt „Dein Entwicklungs- und Erkenntnistagebuch" (BoD-Verlag) veröffentlicht. Es ist damals mit 250 Seiten einfach zu dick geraten. Jetzt habe ich dieses Buch als Vorlage genommen, um es weiter für diese Zeit zu aktualisieren. Es geht um die „Essenz" aus allem, die hier auf 100 Seiten komprimiert wurde. Und gerade weil mir dieses Tagebuch sehr geholfen hat und weiter hilft, möchte ich es mit dir teilen.

Orientierung finden in bewegenden Zeiten

Wir stehen vor gewaltigen Herausforderungen und Wandlungen in der Gesellschaft. Globalisierung, Digitalisierung, neue Epidemien wie z.B. durch Corona u.ä., gesellschaftliche Spaltung, dazu geopolitische wirtschaftliche Machtverschiebungen, Finanzierung von Billionen von Schulden sowie die Klimaveränderungen hinterlassen tiefe Spuren. Die Folgen werden von Jahr zu Jahr spürbarer. Es wirkt sich bis in das Privatleben aus. In diesem Informationszeitalter, in dem sich jeder aus Millionen von Informationen täglich seine Lieblingsinformationen aussucht und sich diese für seine persönlich einzige Wahrheit zusammenbastelt und noch dazu verbreitet, wird der Irrsinn perfekt. Was ist noch wahr? Immer mehr Rattenfänger sind unterwegs. Immer mehr Wahr(heits)sager, die sich alle ihre Schafe suchen und finden. Die Wahrheitslagerfronten und Gräben werden tiefer. Was ist wirklich noch wahr?

Du musst in dieser Zeit irgendwie „selbst mit dir klar kommen"

Was ist wahr? Wo ist der Weg? Wo der Ausweg aus den Krisen? Wie viele Gedanken rasen dir täglich durch den Kopf? Was für einen Kopf machst du dir über alle die Sachen? Was bringt es dir, wenn deine Affen im Gehirn nur noch nervöser werden? Um in diesem zunehmenden Durcheinander überhaupt noch zu spüren, was los ist, braucht es einen inneren Reset. Du willst und musst in dieser Zeit irgendwie „klar kommen". Und das zuallererst in dir und mit dir. Das nimmt dir niemand ab, es sei denn du findest dein Heil in einer Sekte oder einer sogenannten Wissenschaft(smeinung), radikalen Parteien, fundamentalen Religionen - auch bei Christen wie z.B. die Evangelikalen in Amerika, welche auch hier wachsen - oder Gruppierungen und folgst deren Anweisungen und Befehlen. Dieser Weg scheint einfacher. Der andere Weg ist die Selbsterkenntnis. Und der erfordert Mut, Ausdauer, Ehrlichkeit. Der Lohn dafür ist eine Weisheit, innere Stärke, Gelassenheit, Ruhe und Klarheit, die allen neuen Stürmen standhalten kann. Das strahlt aus und macht dich letztlich interessant und attraktiv. Du stehst für dich ein. Du bist dein Fels in der Brandung. Es ist deine innere erfahrbare Wahrheit. In dir! Die schönen Sätze sind gelesen. Fang an. Genau hier und jetzt mit diesem, deinem praktischen Tagebuch. Es geht allein um die Praxis, um das Tun und nicht mehr reden. Dafür habe ich dieses Buch geschrieben. The Way. Es ist dein Weg.

Ich wünsche dir
von Herzen
viel Klarheit,
Liebe, Erkenntnis
und Mut für
deinen Weg.

Bildnachweise

Weitere Informationen:
www.berndtrusheim.de